八先生 중국어 교재 시리즈

분류	1	2	3	4	5	6	7
일반 회화	八先生 중국어 입문 기초 중심	八先生 중국어 Vol. 1 기본중심	八先生 중국어 Vol. 2 기본중심	八先生 중국어 Vol. 3 기본심화 / 八先生 중국어 Vol. 4 기본심화	八先生 중국어 Vol. 5 스피킹중심	八先生 중국어 Vol. 6 스피킹중심 / 八先生 중국어 Vol. 7 스피킹심화	
토론						八先生 중국어 讨论	八先生 중국어 讨论
비즈니스 회화			八先生 중국어 비즈니스 베이직 기본	八先生 중국어 비즈니스 베이직 기본 / 八先生 중국어 비즈니스 프렉티스 심화	八先生 중국어 비즈니스 프렉티스 심화		
비즈니스 스킬			八先生 중국어 비즈니스 스킬 출장	八先生 중국어 비즈니스 스킬 출장 / 八先生 중국어 비즈니스 스킬 미팅	八先生 중국어 비즈니스 스킬 미팅 / 八先生 중국어 비즈니스 스킬 이메일	八先生 중국어 비즈니스 스킬 이메일 / 八先生 중국어 비즈니스 스킬 프레젠테이션	八先生 중국어 비즈니스 스킬 프레젠테이션
시험 대비		TSC 가볍게 뛰어넘기 초중급 / TSC 가볍게 뛰어넘기 3급 모의고사 1~2	TSC 가볍게 뛰어넘기 3급 모의고사 1~2	TSC 한번에 달성하기 중고급 / TSC 한번에 달성하기 4급 모의고사 1~2	TSC 한번에 달성하기 중고급 / TSC 한번에 달성하기 4급 모의고사 1~2		

중국에 대한 이해

중국(中国)은 본래 고대 중원 지방을 뜻하였으나, 현재는 나라의 이름을 뜻하는 고유명사이다. 중국의 정확한 국명은 '중화인민공화국(中华人民共和国)'이며 1949년 10월 1일에 건국되었다.

- **중문 국명** | 中华人民共和国(중화인민공화국)
- **영문 국명** | The People's Republic of China(P.R.C.)
- **국명 약칭** | 申国(China)
- **수도** | 북경(北京)
- **건국일** | 10월 1일
- **표준어** | 한어(汉语) 또는 보통화(普通话)
- **화폐** | 인민폐(RMB)
- **시차** | 한국보다 1시간 느림
- **정치 제도** | 인민공화국(입헌공화제)
- **인구** | 약 13억 7천 만명
- **민족 구성** | 한족(汉族), 장족(壮族), 만주족(满族) 등 56개 민족
- **주요 종교** | 불교, 도교, 기독교, 회교
- **국토 면적** | 959만 6960km²

八先生 중국어 - Vol.1 기본중심
© Carrot House

All rights reserved. No part of this publication may be reproduced, stored in a retrieval system, or transmitted in any form or by any means without the prior permission in writing of Carrot House.

Printed: April 2020
Author: Carrot Language Lab

ISBN 978-89-6732-300-4

Printed and distributed in Korea
9F, 488, Gangnam St. , Gangnam-gu, Seoul, 06120, South Korea

❶ 캐럿 하우스 방법론 - 성인 교육학 접근 및 생산적인 중국어와의 관계

교육학은 학습자들로 하여금 생각을 한 곳으로 모으게 하고 학습 훈련을 지속적으로 강화하는데 그 목적이 있습니다. 아이들을 가르치는 교학과 성인을 가르치는 학습의 특징 및 과정은 분명 다릅니다. 성인 교육은 상대적으로 자유로운 학습 환경을 제공하는 교육 분야라고 볼 수 있습니다. 그렇기 때문에 다양한 생각과 행동적 학습 이론을 추구할 수 있고 학습자들은 자발적으로 지속적인 학습이 가능한 대상이 될 수 있습니다.

사실, 대다수의 사람들은 외국어를 학습할 때 대화의 완성도를 완벽하게 만들어 내기 위해 노력하고 있습니다. 특히, 구술 및 작문 영역에 있어서 언어를 활용한 생산적 기술을 잘 갖추게 된다면 그들은 중국어로 소통하는 장에서 자신의 역량을 마음껏 발휘할 수 있을 것입니다. 그리고 바로 이 점이 학습자들의 생산적인 기술을 향상시킨 캐럿 하우스 커리큘럼만의 비결이라고 생각합니다. 캐럿 하우스 커리큘럼이 제시하는 성인 학습의 특징은 치열한 경쟁 시대 속에서 학습자들이 생산적인 외국어 학습을 위해 소통의 스킬을 스스로 성취할 수 있도록 역량을 키울 수 있도록 한다는 점입니다. 이렇듯, 캐럿 하우스의 교수 철학과 커리큘럼은 모든 중국어 학습자들의 "성공을 위한 언어" 라는 목표를 이룰 수 있도록 구성되어 있습니다.

❷ 공동체 언어학습법

언어 습득의 필수 요소인 공동체 언어 학습법은 숙련된 강사가 학습자가 이해할 수 있는 강의안을 제공하고 학습자 각자가 가지고 있는 문제 및 상황을 그대로 받아들이고 이해하는 상호 작용 속에서 언어 학습을 진행하는 방법입니다. 이 때, 학습자들은 자신에게 주어진 학습 기회를 최대한 활용할 수 있습니다. 특히, 공동체 언어 학습법은 외국어 음운학 분야에서 응용하고 있는 방법으로, 언어를 보다 실용적으로, 보다 확실하게, 보다 기술적으로 사용하기 위한 학습자들에게 최적화 되어 있다고 볼 수 있습니다.

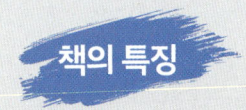

책의 특징

01 핵심만 쏙! 뽑아 내공 탄탄
- 꼭 필요한 것만 배우고 싶은 당신
- 핵심만 콕 짚어 핵심 내용 습득

02 실전에 강한 진짜! 중국어로 무장
- 실제로 통하는 진짜 중국어 습득
- HSK, TSC유형으로 연습문제 구성
- 복습을 통해 배운 내용 점검 가능

03 중국 문화부터 유용한 팁까지 한방에 훅!
- 중국인의 최신 문화 이야기 습득
- 풍부한 사진과 설명을 통한 실용 정보 습득

교재개요
Chapter Composition

팔선생 이야기

중국에서 先生(선생)은 영어 'Mr.'를 의미하며, 八(8)은 번영과 발전을
의미하는 发(發)와 발음이 비슷하여 중국에서는 누구나 좋아하는 숫자입니다.
八先生은 누구에게나 친숙하고 누구나 좋아하는 사람을 지칭하기도 하죠.
팔선생은 누구나 쉽고 재미있게 접근할 수 있는 교재입니다.
팔선생을 통해 즐겁게 중국어와 중국 문화를 공부하시고 경험하시길 바랍니다.

| 이 책의 구성 & 활용 |

학습내용 소개

각 단원별 주요표현 및 주요어법에 대하여
간단히 소개하고 있습니다.

단어 및 팁

단어를 학습한 뒤 본문과 관련되어 더 알아두면 좋은 문화 내용을 정리하였습니다.

본문 대화

현지 중국인들의 생생한 일상을 대화문으로 구성하였고 MP3를 듣고 따라 읽으면 자연스러운 중국어를 익힐 수 있습니다.

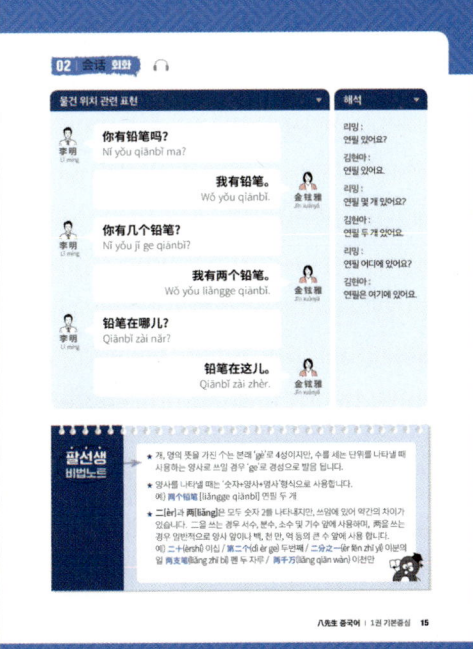

교체 연습

문형을 응용해서 단어를 바꿔가며 다양한 문장을 쉽고 재미있게 배워볼 수 있습니다.

어법

중국어의 핵심 어법이 간결하게 정리되어 있습니다.
주요 어법 지식을 학습합니다.

연습 문제

본 책에서 배운 내용을 新HSK 2급 및 TSC 형식의 문제로 제시하였습니다. 문제를 통해 학습한 내용을 복습하고 중국어 시험 유형에도 익숙해질 수 있습니다.

쓰기

주요 단어를 획순 순서에 맞춰 직접 써보며 쓰기 훈련을 할 수 있습니다.

유용한 Tip

풍부한 사진과 설명을 통해 다양한 중국 문화를 이해할 수 있습니다.

목차

01 | 铅笔在哪儿? 연필 어디에 있어요? ... 13
주요표현 - 물건 위치 및 장소 관련 표현
주요어법 - 소유를 나타내는 '有' / '동사+一下儿' / 전치사 '在' / A就是B

02 | 周末你做什么了? 주말에 뭐 했어요? ... 25
주요표현 - 과거 표현 및 식사 여부 관련 표현
주요어법 - 동태조사 '了' / 어기조사 '吧' / 부사 '马上' / 부사 '已经'

03 | 多少钱一斤? 한 근에 얼마예요? ... 37
주요표현 - 가격에 대해 묻고 답하는 표현
주요어법 - 명사 술어문 / 의문사 '怎么' / 부사어 '有点儿' / 보어 '一点儿'

04 | 你家离公司远吗? 집에서 회사까지 멀어요? ... 49
주요표현 - 거리 및 교통수단 관련 표현
주요어법 - 전치사 '离' / 전치사 '从…到' / 반문 '不…吗' / 연동문

05 | 我唱得不太好。 난 노래 잘 못 불러요. ... 61
주요표현 - 노래 및 식사 제안 표현
주요어법 - 조동사 '会' / 정도 보어 '得' / 조동사 '能' / 동사 '觉得'

복습 | 복습내용 - 第1课 ~ 第5课 ... 73

| 06 | 你去过什么地方? 어디에 가봤어요? | 77 |

주요표현 - 방문 경험 및 문화생활 관련 표현
주요어법 - 부정사 '没' / 과거 경험을 나타내는 'V+过' / 부사 '还' / 가정을 나타내는 '的话'

| 07 | 今天比昨天冷。 오늘이 어제보다 더 추워요. | 89 |

주요표현 - 대상 비교 및 날씨 관련 표현
주요어법 - 비교문 / 동사 '听说' / 부사 '可能' / 부사 '又'

| 08 | 你正在找什么呢? 무엇을 찾고 있어요? | 101 |

주요표현 - 일의 진행과 지속 관련 표현
주요어법 - 부사 '正', '在', '正在' / 동사 '别' / 동태조사 '着' / 부사 '再'

| 09 | 今天我请客。 오늘 내가 한턱 쏠게. | 113 |

주요표현 - 먹고 싶은 요리 및 음식 주문하는 표현
주요어법 - 부사 '极了' / '又…又…' / '点'의 여러 가지 의미 / '除了A都B'

| 10 | 你有什么打算? 어떤 계획이에요? | 125 |

주요표현 - 계획에 대해 묻고 답하는 표현
주요어법 - '打算'의 여러가지 용법 / 순서를 나타내는 '先A然后B' / 동사 중첩
         / 임박을 나타내는 '快…了'

| 복습 | 복습내용 - 第6课 ~ 第10课 | 137 |

| 부록 | 주요내용 - 문제답안 / 新HSK 2급 단어 | 141 |

품사 약어표

약어	품사명	약어	품사명
명	명사	부	부사
대	대(명)사 인칭대(명)사 지시대(명)사 의문대(명)사	조	조사 동태 조사 구조 조사 어기 조사
동	동사	접	접속사
형	형용사	전	전치사
수	수사	감탄	감탄사
양	양사 동량사	의성	의성어

등장인물 소개

金铉雅 여
김현아
한국인 / 20대

李明 남
리밍
중국인 / 30대

张伟民 남
장웨이민
중국인 / 40대

第 **1** 课

铅笔在哪儿?
Qiānbǐ zài nǎr?
연필 어디에 있어요?

01 주요표현
- 물건 위치 및 장소 관련 표현

02 주요어법
- 소유를 나타내는 '有'
- '동사+一下儿'
- 전치사 '在'
- A就是B

01 准备 준비하기

单词 단어

- **有** yǒu — 동 가지고 있다 / 소유하다
- **铅笔** qiānbǐ — 명 연필
- **两** liǎng — 수 2 / 둘
- **个** gè — 양 개 / 명
- **在** zài — 동 (사람이나 사물이)…에 있다
- **公司** gōngsī — 명 회사
- **学校** xuéxiào — 명 학교
- **图书馆** túshūguǎn — 명 도서관

팔선생 Tip

두부 한모, 꽃 한송이, 마늘 한접 등 중국어에서도 다양한 양사가 존재합니다. 그러나 중국어 양사는 반드시 각 명사에 사용하는 양사를 사용하지 않아도 됩니다. 어떤 양사를 사용해야 할지 모를 때는 가장 기본적인 양사 '个'를 통일해서 사용하시면 됩니다.

一头	yìtóu	牛	niú	▶	소 한 마리
两匹	liǎngpǐ	马	mǎ	▶	말 두 필
三条	sāntiáo	鱼	yú	▶	잉어 세 마리
四只	sìzhī	鸭	yā	▶	오리 네 마리
五本	wǔběn	书	shū	▶	책 다섯 권

02 | 会话 회화

물건 위치 관련 표현

李明 Lǐ míng

你有铅笔吗?
Nǐ yǒu qiānbǐ ma?

我有铅笔。
Wǒ yǒu qiānbǐ.

金铉雅 Jīn xuànyǎ

李明 Lǐ míng

你有几个铅笔?
Nǐ yǒu jǐ ge qiānbǐ?

我有两支铅笔。
Wǒ yǒu liǎng zhī qiānbǐ.

金铉雅 Jīn xuànyǎ

李明 Lǐ míng

铅笔在哪儿?
Qiānbǐ zài nǎr?

铅笔在这儿。
Qiānbǐ zài zhèr.

金铉雅 Jīn xuànyǎ

해석

리밍 :
연필 있어요?

김현아 :
연필 있어요.

리밍 :
연필 몇 개 있어요?

김현아 :
연필 두 개 있어요.

리밍 :
연필 어디에 있어요?

김현아 :
연필은 여기에 있어요.

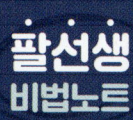

★ 개, 명의 뜻을 가진 个는 본래 'gè'로 4성이지만, 수를 세는 단위를 나타낼 때 사용하는 양사로 쓰일 경우 'ge'로 경성으로 발음 됩니다.

★ 양사를 나타낼 때는 '숫자+양사+명사' 형식으로 사용합니다.
예) **两个铅笔** [liǎngge qiānbǐ] 연필 두 개

★ **二**[èr]과 **两**[liǎng]은 모두 숫자 2를 나타내지만, 쓰임에 있어 약간의 차이가 있습니다. 二을 쓰는 경우 서수, 분수, 소수 및 기수 앞에 사용하며, 两을 쓰는 경우 일반적으로 양사 앞이나 백, 천 만, 억 등의 큰 수 앞에 사용합니다.
예) **二十**(èrshí) 이십 / **第二个**(dì èr ge) 두번째 / **二分之一**(èr fēn zhī yī) 이분의 일 / **两支笔**(liǎng zhī bǐ) 펜 두 자루 / **两千万**(liǎng qiān wàn) 이천만

03 | 准备 준비하기

单词 단어

饭店 fàndiàn 圆 식당 / 호텔

一下儿 yíxiàr 양 좀 …하다 / 한번 …하다

洗手间 xǐshǒujiān 圆 화장실

等 děng 동 기다리다

右(手)边 yòu(shǒu)bian 圆 오른쪽 / 우측

就 jiù 부 곧 / 바로

久 jiǔ 형 오래다 / (시간이) 길다

让 ràng 동 양보하다 / 사양하다

팔선생 Tip

최근 중국에서는 화장실을 대대적으로 현대화하는 '화장실 혁명'이 불고 있습니다. 2015년 부터 '재래식 화장실'을 개조하는 작업을 추진하고 있으며, 도시 화장실 설치 기준을 만들었다고 합니다. 더 이상 모르는 사람과 마주보며 볼일을 볼 필요가 없어졌으며, 도랑으로 되어 있던 화장실이 대부분 좌식으로 변경 되었습니다. 최근 중국 곳곳에는 안면인식 기술이 도입된 최첨단 화장실이 등장하고 있습니다.

최첨단 화장실
중국 예전 화장실

04 | 会话 회화

장소 관련 표현

金铉雅
Jīn xuànyǎ

我去一下儿洗手间。
Wǒ qù yíxiàr xǐshǒujiān.

好的, 等你。
Hǎode, děng nǐ.

李明
Lǐ míng

金铉雅
Jīn xuànyǎ

请问, 洗手间在哪儿?
Qǐngwèn, xǐshǒujiān zài nǎr?

右(手)边就是洗手间。
Yòu(shǒu) bian jiùshì xǐshǒujiān.

服务员
Fúwùyuán

金铉雅
Jīn xuànyǎ

不好意思, 久等了。
Bùhǎoyìsi, jiǔděng le.

没关系。
Méiguānxi.

李明
Lǐ míng

해석

김현아 :
화장실 잠시 다녀올게요.

리밍 :
네, 기다릴게요.

김현아 :
말씀 좀 여쭤어보겠습니다. 화장실 어디에 있어요?

종업원 :
우측에 바로 화장실입니다.

김현아 :
미안해요, 오래 기다렸죠.

리밍 :
괜찮아요.

★ 右手边[yòushǒu bian]은 右边[yòu bian]과 같은 의미로 '우측'이라는 의미로 방위를 나타낼 때 사용합니다. 다만 주로 일상대화에 사용되고 右边는 문어체로 서면적 표현에 사용되며, 右手边는 구어체로 사용합니다.

05 | 关键表达 패턴

1 소유를 나타내는 有의 활용

我有
Wǒ yǒu

铅笔。
qiānbǐ.

手机。
shǒujī.

苹果。
píngguǒ.

朋友。
péngyou.

2 위치를 나타내는 전치사 在의 활용

铅笔在
Qiānbǐ zài

这儿。
zhèr.

那儿。
nàr.

家。
jiā.

公司。
gōngsī.

3 잠깐을 나타내는 一下의 활용

我
Wǒ

去
qù

看
kàn

说
shuō

听
tīng

一下(儿)。
yíxià(r).

4 질문을 할 때 나타내는 请问의 활용

请问,
Qǐngwèn,

洗手间
xǐshǒujiān

银行
yínháng

邮局
yóujú

饭店
fàndiàn

在哪儿?
zài nǎr?

06 | 语法 어법

1 소유를 나타내는 '有'

▶ **A有B - A는 B가 있다**
'有'는 기본적으로 소유를 나타내는 동사로 'A는 B가 있다 (A有B)'는 의미를 나타낼 때 씁니다.

▶ **没+有**
부정인 경우 다른 동사와 달리 没+有형식으로 쓰입니다.

我有两支铅笔。
Wǒ yǒu liǎng zhī qiānbǐ.
나는 연필 두 개 있습니다.

我有一个孩子。
Wǒ yǒu yíge háizi.
나는 아이 한 명 있습니다.

我没有姐姐。
Wǒ méiyǒu jiějie.
나는 누나가 없습니다.

我没有手机。
Wǒ méiyǒu shǒujī.
나는 휴대폰이 없습니다.

2 전치사 '在'

▶ **A 在 B - A는 B에 있다**
'在'는 전치사로 쓰여 동작이 발생하는 장소를 나타내기도 하지만, 존재를 나타내는 동사로 쓰여서 'A는 B에 있다(A 在 B)'는 의미를 나타내기도 합니다.

铅笔在这儿。
Qiānbǐ zài zhèr.
연필은 여기 있습니다.

我在家休息。
Wǒ zài jiā xiūxi.
나는 집에서 쉽니다.

他在公司工作。
Tā zài gōngsī gōngzuò.
그는 회사에서 근무합니다.

3　동사+一下儿

▶ **동사+一下儿**
동사+一下儿 '좀 / 한번 / 잠시 …해보세요' 혹은 '잠시 ~하다'라는 의미로 시도해 보라는 청유형이나 짧은 시간에 이루어지는 행동을 할 때 사용합니다.

> **我去一下儿洗手间。**
> Wǒ qù yíxiàr xǐshǒujiān.
> 화장실 잠깐 다녀오겠습니다.
>
> **我休息一下儿。**
> Wǒ xiūxi yíxiàr.
> 잠시 쉬겠습니다.
>
> **你听一下儿。**
> Nǐ tīng yíxiàr.
> 한 번 들어보세요.

4　A就是B

▶ **A就是B**
'A가 바로 B' 라는 의미로 쓰입니다.

> **右(手)边就是洗手间。**
> Yòu(shǒu) bian jiùshì xǐshǒujiān.
> 화장실은 바로 우측입니다.
>
> **他就是金经理。**
> Tā jiùshì jīnjīnglǐ.
> 그는 바로 김사장님입니다.
>
> **这就是我的汉语书。**
> Zhè jiù shì Wǒ de hànyǔ shū.
> 이것은 바로 나의 중국어 책입니다.

07 | 练习 연습

1 녹음을 듣고 <보기>에서 단어를 참고하여 작성하세요.

< 보기 >
| 公司 | 洗手间 | 饭店 | 铅笔 |
| gōngsī | xǐshǒujiān | fàndiàn | qiānbǐ |

❶ _____ ❷ _____

❸ _____ ❹ _____

2 녹음을 듣고 그림과 일치하면 O, 일치하지 않으면 X로 표시하세요. 🎧

❶

❷

❸

八先生 중국어 | 1권 기본중심

3 다음 문장을 중국어로 작성해보세요.

❶ 나는 연필 두 개 있습니다. （铅笔, 我有, 两支）

❷ 화장실이 어디 있습니까? （洗手间, 在, 哪儿）

❸ 회사에서 근무합니다. （公司, 工作, 我在）

4 다음 대화를 완성하세요.

❶
A: 你有几个苹果?
사과 몇 개 있어요?

B:
사과 두 개 있어요.

❷
A: 你在哪儿?
어디에 있어요?

B:
은행에 있어요.

08 | 写字 쓰기

有 yǒu 있다

在 zài …에 있다

公司 gōngsī 회사

饭店 fàndiàn 식당

洗手间 xǐshǒujiān 화장실

✓ [중국사회] 캥거루족, 욜로족, 메뚜기족

중국은 80년대 들어와 급증하는 인구를 통제하기 위하여 한 가정에 아이 한명만 출산하도록 정책을 내세웠습니다. 이들은 온 가족 사랑을 받으면서 성장해 왔으며 일명 '소황제' 라고 불렸습니다. 오늘날 '소황제'들이 개성 강한 젊은 세대로 변신하여 이들을 일컫는 단어도 다양하게 쏟아지고 있습니다.

❶ 캥거루족

캥거루족이란 결혼을 하고 부모님을 모시는 게 아닌, 나이 든 부모님이 자식을 돌보고, 심지어 취직을 하고 자녀를 낳아도 부모님을 여전히 의지하는 젊은 세대를 중국에서는 啃老族[kěnlǎozú] 컨라오족이라고 합니다.

❷ 욜로족

욜로족이란 한 달에 버는 돈을 다 써버리는 의미로 중국에서는 주머니가 달빛처럼 깨끗하다는 의미인 月光族 [yuèguāngzú] 월광족이라고 합니다.

❸ 메뚜기족

메뚜기족이란 한 회사에 오래 다니지 못하고 이 회사 저 회사 옮겨 다니는 젊은 세대를 중국에서 점프하다는 의미인 跳跳族 [tiàotiàozú] 티아오티아오족이라고 합니다.

第 2 课

周末你做什么了?
Zhōumò nǐ zuò shénme le?
주말에 뭐 했어요?

01  주요표현
- 과거 표현 및 식사 여부 관련 표현

02  주요어법
- 동태조사 '了'
- 어기조사 '吧'
- 부사 '马上'
- 부사 '已经'

01 | 准备 준비하기

单词 단어

周末 zhōumò	명 주말
了 le	조 실제로 이미 발생한 동작이나 변화에 사용됨
家 jiā	명 가정 / 집안 / 집
休息 xiūxi	명 휴식 / 휴양 동 휴식(하다) / 휴양(하다)
看 kàn	동 보다 / 구경하다
电影 diànyǐng	명 영화
怎么样 zěnmeyàng	어떻다 / 어떠하다 [주로 의문문으로 쓰임]
下次 xiàcì	명 다음 번
一起 yìqǐ	부 같이 / 더불어 / 함께
吧 ba	구말(句末)에 쓰여 상의(相議)·제의(提議)·청구(請求)·명령·독촉의 어기(語氣)를 나타냄

팔선생 Tip

중국인의 여가 생활은 다양하지만 최근 들어와 가장 인기 있는 것은 영화보기입니다. 수요가 많은만큼 최근 도시의 극장수도 급증하고 있습니다. 불과 몇 년 전이더라도 중국에서 가장 유명한 극장은 万达影城[wàndá yǐngchéng] 완다영성이었지만 한국 CGV星聚汇[xīng jù huì] 즉 스타들의 모임이라는 뜻으로 중국 진출하면서 매우 큰 사랑을 받고 있습니다. 현재 CGV星聚汇는 이미 각 주요 도시마다 자리잡고 새로운 별로 떠오르고 있습니다.

CGV星聚汇

万达影城

02 | 会话 회화

지난 주말에 대한 과거 표현

李明 Lǐ míng
周末你做什么了?
Zhōumò nǐ zuò shénme le?

在家休息, 你呢?
Zài jiā xiūxi, nǐ ne?

金铉雅 Jīn xuànyǎ

李明 Lǐ míng
我看电影了。
Wǒ kàn diànyǐng le.

电影怎么样?
Diànyǐng zěnmeyàng?

金铉雅 Jīn xuànyǎ

李明 Lǐ míng
很有意思。
Hěn yǒuyìsi.

下次我们一起看电影吧。
Xiàcì wǒmen yìqǐ kàn diànyǐng ba.

金铉雅 Jīn xuànyǎ

해석

리밍:
주말에 뭐 했어요?

김현아:
집에서 쉬었어요,
리밍씨는요?

리밍:
영화를 봤어요.

김현아:
영화 어땠어요?

리밍:
매우 재미있었어요.

김현아:
다음에 우리 같이
영화 봐요.

팔선생 비법노트

★ **下次**[xiàcì]는 '다음 번'이라는 의미로 사용하며 주로 다음 번 약속 잡을 때 사용합니다.

예) **下次见**。[xiàcì jiàn] 다음에 뵙겠습니다.
下次去。[xiàcì qù] 다음에 가겠습니다.
上次 [shàngcì] 지난 번 / **这次** [zhècì] 이번

03 | 准备 준비하기

单词 단어

- □ **已经** yǐjīng (부) 이미 / 벌써
- □ **马上** mǎshàng (부) 곧 / 즉시
- □ **饿** è (형) 배고프다
- □ **食堂** shítáng (명) 구내 식당
- □ **午饭** wǔfàn (명) 점심(밥)
- □ **中国菜** zhōngguó cài (명) 중국 요리
- □ **来** lái (동) 오다
- □ **困** kùn (형) 지치다 / 피곤하다
- □ **饱** bǎo (형) 배부르다

팔선생 Tip

중국에서 인사할 때 你好[nǐhǎo] 보다 你吃饭了吗?[nǐ chī fàn le ma?]를 더 자주 합니다. 설령 식사 시간이 아니더라도 중국인들은 식사했냐고 묻습니다. 왜 중국인들은 식사 했냐는 인사를 할까? 그 이유를 살펴보면 과거의 중국은 매우 가난했으며 중국인에게 굶주림이 가장 힘들었기 때문입니다. 그러므로 중국인들은 먹는 것을 가장 중요하게 여기며 백성은 먹는 것을 천(天)이라고 여긴다는 속담이 있을 정도로 소중히 여깁니다. 따라서 중국인들의 '你吃饭了吗?'는 우리 나라의 '안녕하세요'와 같은 인사일 뿐입니다.

04 | 会话 회화

식사 여부 관련 표현

李明
Lǐ míng

你吃饭了吗?
Nǐ chīfàn le ma?

我已经吃了, 你呢?
Wǒ yǐjīng chī le, nǐ ne?

金铉雅
Jīn xuànyǎ

李明
Lǐ míng

我现在马上去吃。
Wǒ xiànzài mǎshàng qù chī.

饿了吧?
È le ba?

金铉雅
Jīn xuànyǎ

李明
Lǐ míng

是啊, 食堂午饭是什么?
Shì a, shítáng wǔfàn shì shénme?

今天是中国菜。
Jīntiān shì zhōngguó cài.

金铉雅
Jīn xuànyǎ

해석

리밍 :
식사 했어요?

김현아 :
저는 벌써 먹었어요,
리밍씨는요?

리밍 :
지금 먹으러 갈거예요.

김현아 :
배고프죠?

리밍 :
네, 식당 점심은 무엇
인가요?

김현아 :
오늘은 중국요리예요.

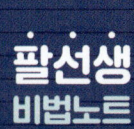
팔선생 비법노트

★ 食堂[shítáng] = 饭店[fàndiàn] 식당이라는 의미이지만, 食堂은 학교, 회사 등의 구내 식당을 의미하며, 饭店은 비교적 저렴한 가격으로 해결할 수 있는 흔히 볼 수 있는 밥집이라는 의미입니다.

★ 饿[è] '배고프다'라는 반대 의미는 饱[bǎo] '배부르다'입니다.
예) 我吃饱了。[Wǒ chī bǎo le.] 배부르다.

05 | 关键表达 패턴

1 무엇을 했는지 什么의 활용

| 周末你
Zhōumò nǐ | 做 zuò
吃 chī
喝 hē
买 mǎi | 什么了?
shénme le? |

2 어떤지 묻는 怎么样의 활용

| 电影 Diànyǐng
汉语书 Hànyǔ shū
中国 Zhōngguó
你的电脑 Nǐ de diànnǎo | 怎么样?
zěnmeyàng? |

3 즉시 马上의 활용

| 我马上
Wǒ mǎshàng | 去吃。qù chī.
做。zuò.
到。dào.
来。lái. |

4 확인을 나타내는 吧의 활용

| 饿 È
累 Lèi
困 Kùn
饱 Bǎo | 了吧?
le ba? |

06 | 语法 어법

1 　**동태조사 '了'** 동사 또는 형용사 뒤에 쓰여 동작 또는 변화가 이미 완료되었음을 나타냅니다.

▶ 동사 뒤에 사용되는 경우

周末你做什么了?
Zhōumò nǐ zuò shénme le?
주말에 무엇을 했어요?

我昨天去银行了。
Wǒ zuótiān qù yínháng le.
나는 어제 은행에 갔어요.

我吃了炒饭。
Wǒ chī le chǎofàn.
나는 볶음밥을 먹었어요.

▶ 형용사 뒤에 사용되는 경우

衣服小了。
Yīfu xiǎo le.
옷이 작아졌어요.

我(准备)好了。
Wǒ (zhǔnbèi) hǎo le.
나 (준비) 다 됐어요.

她累了。
Tā lèi le.
그녀는 지쳤어요.

2 　**어기조사 '吧'**

▶ 어기조사 '吧'
'吧'는 어기조사로 문장 끝에 쓰여 추측의 의미를 나타내는 의문문으로 사용할 수 있습니다.

饿了吧?
È le ba?
배고프죠?

你累了吧?
Nǐ lèi le ba?
피곤하죠?

他是经理吧?
Tā shì jīnglǐ ba?
그분이 사장님이시죠?

3 부사 '已经'

▶ 부사 '已经'

'已经'은 부사어로 술어 앞에 쓰여 '이미, 벌써'라는 의미로 쓰입니다. 주로 '已经…了'라는 형식으로 사용됩니다.

我已经吃了。
Wǒ yǐjīng chī le.
나는 벌써 먹었어요.

我已经35岁了。
Wǒ yǐjīng sānshíwǔ suì le.
나는 벌써 35살이에요.

他已经回家了。
Tā yǐjīng huíjiā le.
그는 이미 귀가했어요.

4 부사 '马上'

▶ 부사 '马上'

부사어 '马上'은 '즉시, 곧 바로'라는 의미로 대체로 술어 앞에 쓰입니다.

我现在马上去吃。
Wǒ xiànzài mǎshàng qù chī.
지금 바로 먹으러 갈거예요.

我马上去公司。
Wǒ mǎshàng qù gōngsī.
나 즉시 회사에 갈거예요.

我马上到。
Wǒ mǎshàng dào.
곧 도착해요.

07 | 练习 연습

1 녹음을 듣고 <보기>에서 단어를 참고하여 작성하세요.

< 보기 >

周末	休息	马上	食堂
zhōumò	xiūxi	mǎshàng	shítáng

❶ ....   ❷ ....

❸ ....   ❹ ....

2 녹음을 듣고 그림과 일치하면 O, 일치하지 않으면 X로 표시하세요. 🎧

❶

❷

❸

3 다음 문장을 중국어로 작성해보세요.

❶ 주말에 무엇을 했어요? （周末, 你做, 什么了）

❷ 집에서 쉬었어요. （家, 休息, 我在）

❸ 벌써 밥 먹었어요. （已经, 我, 吃饭了）

4 다음 대화를 완성하세요.

❶

A: **周末你做什么了?**
주말에 뭐 했어요?

B: _____
영화를 봤어요.

❷

A: **今天吃什么菜?**
오늘 뭐 먹어요?

B: _____
오늘은 중국요리를 먹었어요.

08 | 写字 쓰기

休息
xiūxi
휴식(하다)

看
kàn
보다

家
jiā
집

食堂
shítáng
구내 식당

来
lái
오다

✔ 중국인의 여가 생활

글로벌 경제 속에 지구촌은 점점 작아지고 있으며 외국 문화의 영향으로 인해 중국인의 여가 생활도 과거에 비해 많이 다양해졌습니다. 그 중에서도 가장 인기가 많은 것은 노래방입니다. 중국에서는 노래방을 KTV라고 부릅니다. 중국에서 모임할 때 1차는 대부분 식사로 끝나고 2차는 호프나 BAR보다 KTV로 가는 경우가 더 많습니다. KTV에서는 기본적으로 주류와 안주는 제공됩니다. 시간 제한도 없고 시설도 좋고, 게다가 가격도 저렴하기 때문에 중국 젊은이들은 매우 즐겨찾습니다. 또한 중국에서 노래를 부르다란 표현을 신조어 K歌[gē] 라고 합니다.

중국에 중노년층의 여가생활도 과거에 비해 많이 달라졌습니다. 중국을 다녀오신 분들은 흔히 중국에서 태극권을 하는 모습을 많이 보셨을 겁니다. 그러나 요즘은 이른 아침 태극권을 하는 사람보다 광장에 모여 广场舞[Guǎngchǎngwǔ] 광장무를 추는 사람들을 더 많아졌습니다. 이들은 자발적으로 모여 춤을 추며 여가 생활을 즐깁니다.

第 3 课

多少钱一斤?
Duōshǎo qián yìjīn?
한 근에 얼마예요?

01 주요표현
- 가격에 대해 묻고 답하는 표현

02 주요어법
- 명사 술어문
- 의문사 '怎么'
- 부사어 '有点儿'
- 보어 '一点儿'

01 | 准备 준비하기

单词 단어

- **售货员** shòuhuòyuán — 명 (상점 등의) 점원 / 판매원
- **多少** duōshao — 대 얼마
- **钱** qián — 명 돈 / 화폐
- **斤** jīn — 양 근 / 무게의 단위
- **红** hóng — 형 붉다 / 빨갛다
- **青** qīng — 형 푸르다
- **西瓜** xīguā — 명 수박
- **块** kuài — 양 중국의 화폐 단위 ('圆' '元'(원)에 해당함)
- **怎么** zěnme — 대 어떻게
- **卖** mài — 동 팔다 / 판매하다
- **葡萄** pútáo — 명 포도

팔선생 Tip

중국에서 모든 식재를 구매할 때 근으로 계산합니다. 과연 한 근이라는 무게 단위는 중국에서 어떻게 정했을까요? 우리나라 같은 경우 과일이나 채소는 한 근에 400g이고, 육류는 600g입니다. 그러나 중국에 한 근, 즉 一斤은 500g입니다. 종류와 구분 없이 모두 500g 입니다. 따라서 중국에서 과일을 살 때 우리나라 같은 경우 개당으로 판매하지만 중국에서는 개당으로 판매하지 않고 모두 근으로 판매합니다.

38　第3课 | 多少钱一斤? Duōshao qián yìjīn? 한 근에 얼마예요?

02 | 会话 회화

물건 가격 묻는 표현

金铉雅
Jīn xuànyǎ

苹果多少钱一斤?
Píngguǒ duōshǎo qián yìjīn?

红的十块, 青的七块。
Hóng de shíkuài, qīng de qīkuài.

售货员
Shòuhuòyuán

金铉雅
Jīn xuànyǎ

西瓜怎么卖?
Xīguā zěnme mài?

西瓜三块钱一斤。
Xīguā sānkuài qián yìjīn.

售货员
Shòuhuòyuán

金铉雅
Jīn xuànyǎ

香蕉呢?
Xiāngjiāo ne?

香蕉五块钱一斤。
Xiāngjiāo wǔkuài qián yìjīn.

售货员
Shòuhuòyuán

해석

김현아 :
사과 한 근에 얼마예요?

점원 :
붉은 것은 10위안이고,
푸른 것은 7위안이에요.

김현아 :
수박은 얼마예요?

점원 :
수박은 한 근에 3위안
이에요.

김현아 :
바나나는요?

점원 :
바나나는 한 근에 5위안
이에요.

팔선생 비법노트

★ '多少钱?[Duōshǎo qián?]'과 '怎么卖? [Zěnme mài?]'는
모두 '얼마예요?'라는 의미로 사용합니다.
다만 多少钱? 같은 경우 주로 정해진 가격을 물을 때 사용합니다.
怎么卖 같은 경우 정확한 규제 없이 주인이 스스로 정한 가격을 물어볼 때
사용하며, 주로 길거리에서 노상한테 물건을 구매할 때 사용하는
표현입니다.

03 | 准备 준비하기

单词 단어

□ **有点儿** yǒudiǎnr	조금	
□ **贵** guì	〔형〕 (값이) 비싸다	
□ **便宜** piányi	〔형〕 (값이) 싸다	
□ **一点儿** yìdiǎnr	조금	
□ **给** gěi	〔동〕 주다	
□ **大** dà	〔형〕 크다 / 많다 / 세다	
□ **还** hái	〔부〕 또 / 더	
□ **别的** biéde	〔명〕 다른 것 / 딴 것	
□ **一共** yígòng	〔명〕 합계 / 전부 〔부〕 모두	
□ **面包** miànbāo	〔명〕 빵	
□ **牛奶** niúnǎi	〔명〕 우유	

팔선생 Tip

요즘 고급 중식당 가면 후식으로 리치가 나옵니다. 리치는 이미 2,000년 전부터 재배되며 주로 광둥을 비롯한 남쪽지역에서 생산합니다. 리치가 유명한 이유는 그의 독특한 맛 뿐만 아니라 당나라 현종의 애첩 절세미인 양귀비가 리치를 즐겨 먹고 더 예뻐졌다기 때문입니다. 그러나 원산지 광둥부터 수도 시안(西安)까지는 수천리의 거리가 있으며 상온에서 사흘 안에 변하는 리치를 직송하기 위해 백성들은 리치를 담은 얼음 상자를 등에 진 채 쉬지 않고 말을 달렸다고 합니다. 그래서 '말도 백성도 지쳐 숨이 끊어질 무렵 양귀비의 입안에는 리치 향내가 가득하다'는 말이 있습니다.

04 | 会话 회화

물건 구매하는 표현 | 해석

金铉雅 Jīn xuànyǎ
苹果有点儿贵, 便宜一点儿吧。
Píngguǒ yǒudiǎnr guì, piányi yìdiǎnr ba.

已经很便宜了。
Yǐjīng hěn piányi le.
售货员 Shòuhuòyuán

金铉雅 Jīn xuànyǎ
给我三斤红苹果, 一个大西瓜。
Gěi wǒ sānjīn hóng píngguǒ, yíge dà xīguā.

好的, 还要别的吗?
Hǎode, hái yào biéde ma?
售货员 Shòuhuòyuán

金铉雅 Jīn xuànyǎ
不用了, 多少钱?
Bú yòng le, duōshǎo qián?

一共四十五块。
Yígòng sìshíwǔ kuài.
售货员 Shòuhuòyuán

김현아 :
사과 좀 비싸네요,
싸게 해주세요.

점원 :
이미 제일 싼
가격이에요.

김현아 :
붉은 사과 3근,
큰 수박 하나 주세요.

점원 :
더 필요한 것이
있나요?

김현아 :
없어요, 얼마예요?

점원 :
모두 45위안이에요.

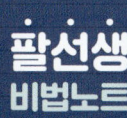
팔선생 비법노트

★ '또, 다시'라는 의미를 갖고 있는 중복 혹은 연속을 나타내는 부사는 '还, 又, 再'가 있습니다.

❶ **还** : 연속적으로 일어나는 일에 사용하며, 보통 의문문에 자주 사용합니다.
예) **你还想做什么?** [Nǐ hái xiǎng zuò shénme?] 너는 또 무엇을 하고 싶니?

❷ **又** : 과거에 이미 일어난 일에 사용하며, 보통 평서문에 자주 사용합니다.
예) **今天又下雨了。** [Jīntiān yòu xiàyǔ le.] 오늘 또 비가 내렸다.

❸ **再** : 아직 일어나지 않은 일에 가정이나 명령할 때 자주 사용합니다.
예) **我们下次再来吧!** [Wǒmen xiàcì zài lái ba] 다음에 또 오자!

05 | 关键表达 패턴

1 가격을 묻는 多少钱의 활용

多少钱 duōshǎoqián	一斤? yìjīn?
	一杯? yìbēi?
	一本? yìběn?
	一个? yíge?

2 물건 가격을 나타내는 钱의 활용

香蕉五块 Xiāngjiāo wǔkuài	钱。qián.
咖啡35块 kāfēi sānshíwǔ kuài	
可乐8块 kělè bā kuài	
葡萄9块 pútáo jiǔ kuài	

3 이미 已经…了의 활용

已经 Yǐjīng	很便宜 hěn piányi	了。le.
	好 hǎo	
	很漂亮 hěn piàoliang	
	很忙 hěn máng	

4 나에게 주다 给我의 활용

给我 Gěi wǒ	三斤红苹果。sānjīn hóng píngguǒ.
	一个面包 yíge miànbāo.
	一杯牛奶 yìbēi niúnǎi.
	手机 shǒujī.

第3课 | 多少钱一斤? Duōshǎo qián yìjīn? 한 근에 얼마예요?

06 | 语法 어법

1 명사 술어문

▶ 시간, 가격, 날짜, 연령 등을 나타낼 때 다른 동사 없이 명사 자체가 술어로 쓰일 수 있습니다. 이와 같은 형태로 쓰이는 문장을 명사 술어문이라고 합니다.

红的十块, 青的七块。
Hóng de shíkuài, qīng de qīkuài.
붉은 것은 10위안이고, 푸른 것은 7위안이에요.

现在两点半。
Xiànzài liǎngdiǎn bàn.
현재 두시 반이에요.

他今年36岁。
Tā jīnnián sānshíliù suì.
그는 올해 36세예요.

2 의문사 '怎么' 의문사 '怎么'는 문장에서 크게 2가지 의미로 쓰입니다.

▶ '어떻게'라는 의미로 동작의 방식을 묻습니다.

西瓜怎么卖?
Xīguā zěnme mài?
수박은 얼마예요?

这个怎么吃?
Zhège zěnme chī?
이것은 어떻게 먹어요?

汉语怎么说?
Hànyǔ zěnme shuō?
중국어는 어떻게 말해요?

▶ '왜'라는 의미로 동작의 이유를 묻습니다.

他怎么不来上班?
Tā zěnme bù lái shàngbān?
그는 오늘 왜 출근 안 해요?

你怎么一个人去中国?
Nǐ zěnme yíge rén qù Zhōngguó?
당신은 왜 혼자 중국에 가요?

你怎么不吃苹果?
Nǐ zěnme bù chī píngguǒ?
왜 사과를 안 먹어요?

3 부사어 '有点儿'

▶ 有点儿은 '조금, 약간'의 의미로 쓰이며, 문장 내에서 주로 형용사 앞에 쓰입니다.
대체로 부정적인 의미로 쓰입니다.

苹果有点儿贵。
Píngguǒ yǒudiǎnr guì.
사과 조금 비싸요.

我最近有点儿忙。
Wǒ zuìjìn yǒudiǎnr máng.
요즘 조금 바빠요.

经理有点儿不高兴。
Jīnglǐ yǒudiǎnr bù gāoxìng.
사장님 기분이 조금 안 좋아요.

4 보어 '一点儿'

▶ 一点儿은 '조금, 약간'의 의미로 쓰이며, 문장 내에서 주로 동사나 형용사 뒤에 쓰입니다.
대체로 긍정적인 의미로 쓰입니다.

便宜一点儿吧。
Piányi yìdiǎnr ba.
조금 싸게 해주세요.

吃一点儿吧。
Chī yìdiǎnr ba.
조금 드세요.

我学了一点儿汉语。
Wǒ xué le yìdiǎnr hànyǔ.
중국어 조금 배웠어요.

07 | 练习 연습

1 녹음을 듣고 <보기>에서 단어를 참고하여 작성하세요.

< 보기 >

| 苹果 | 香蕉 | 贵 | 便宜 |
| pÍngguǒ | xiāngjiāo | guì | piányi |

❶ _____ ❷ _____

❸ _____ ❹ _____

2 녹음을 듣고 그림과 일치하면 O, 일치하지 않으면 X로 표시하세요.

❶

❷

❸

3 다음 문장을 중국어로 작성해보세요.

❶ 사과 한 근에 얼마예요? (苹果, 一斤, 多少钱)

❷ 사과 조금 비싸요. (有点儿, 贵, 苹果)

❸ 모두 얼마예요? (多少钱, 一共)

4 다음 대화를 완성하세요.

❶

A: _____
포도 한 근에 얼마예요?

B: 葡萄6块8毛8。
포도 6원8마오8예요.

❷

A: 苹果有点儿贵。
사과 좀 비싸네요.

B: _____
이미 제일 싼 가격이에요.

08 | 写字 쓰기

多少
duōshǎo
얼마

钱
qián
돈

便宜
piányi
싸다

贵
guì
비싸다

给
gěi
주다

✓ 중국인이 선호 하는 색과 싫어하는 색

중국인이 가장 좋아하는 색은 빨간색이라는 사실은 우리가 이미 알고 있습니다. 중국의 국기 오성홍기는 물론 중국인의 결혼식 복장, 축의금 봉투 등등 모두 빨간색이 빠지지 않습니다. 이뿐만 아니라 중국어 표현에 있어 인기가 많다라는 뜻으로 红[hóng]를 사용하고 있습니다. 즉 OO很红라고 하면 'OO가 매우 인기가 많다'라는 의미 입니다. 그러면 과연 중국인들은 왜 빨간색을 좋아할까요?
빨간색은 한자로 红 즉 길조의 의미를 가지고 있으며 번창하다, 인기가 있다라는 의미를 가지고 있기 때문입니다. 그래서 중국에서는 경사스러운 일이 있으면 붉은 색 복장을 입고, 붉은 색 폭죽을 터뜨리고, 빨간 봉투에 축의금을 넣어 주며 이것을 红包[hóngbāo]라고 합니다.

반면 중국인이 싫어하는 색은 무엇일까요? 중국인이 싫어하는 색은 흰색입니다. 왜냐하면 흰색은 중국에서 죽음을 상징하기 때문입니다. 그래서 집안에 장례가 있을 때 백사(白事) 라고 부릅니다. 그래서 중국인에게 봉투의 축의금을 넣어서 줄 때 절대 흰 봉투를 쓰면 안됩니다.

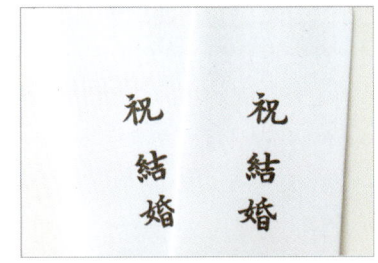

第 4 课

你家离公司远吗?
Nǐ jiā lí gōngsī yuǎn ma?
집에서 회사까지 멀어요?

 주요표현
- 거리 및 교통수단 관련 표현

 주요어법
- 전치사 '离'
- 전치사 '从…到'
- 반문 '不…吗'
- 연동문

01 | 准备 준비하기

单词 단어

- **离** lí …에서 / …로부터 / …까지
- **公司** gōngsī 명 회사
- **近** jìn 형 가깝다
- **附近** fùjìn 명 부근 / 근처
- **到** dào 개 …까지
- **上海** Shànghǎi 명 상하이
- **远** yuǎn 형 (거리상) 멀다
- **挺…的** tǐng…de 부 꽤
- **北京站** běijīngzhàn 명 베이징역
- **从** cóng 개 ~부터
- **北京** Běijīng 명 베이징

팔선생 Tip

90년대에 들어와 중국의 거주문화가 많은 변화를 일으켰습니다. 특히 도시에서는 과거에 단층 혹은 저층 건물을 없애고 새로 재개발하여 고층 아파트를 세웁니다. 이따라 시민들은 아파트를 분양 받고 이사를 하며 부동산에 관심을 가지기 시작합니다. 사실 중국 경제발전과 더불어 부동산 시장도 급격히 성장해 왔습니다. 집값은 점점 오르고 특히 베이징, 상하이, 광저우 등 주요 도시에서는 집값이 이미 상상을 초월하여 하늘의 별따기와 마찬가지입니다. 그럼에도 불구하고 중국인들의 부동산 열정은 여전히 뜨겁게 타오르며 식지 않습니다. 이처럼 현재 중국 도시에서는 대부분 거주 형식은 거의 아파트로 이루어졌습니다.

90년대

2000년대

第4课 | 你家离公司远吗? Nǐ jiā lí gōngsī yuǎn ma? 집에서 회사까지 멀어요?

02 | 会话 회화

거리 관련 표현

张伟民
Zhāng wěimín

你家离公司远吗?
Nǐ jiā lí gōngsī yuǎn ma?

我家离公司挺远的, 您呢?
Wǒ jiā lí gōngsī tǐng yuǎn de, nín ne?

金铉雅
Jīn xuànyǎ

张伟民
Zhāng wěimín

我家离公司很近。
Wǒ jiā lí gōngsī hěn jìn.

您家在哪儿?
Nín jiā zài nǎr?

金铉雅
Jīn xuànyǎ

张伟民
Zhāng wěimín

我家在北京站附近。
Wǒ jiā zài běijīngzhàn fùjìn.

从您家到李明家不太远。
Cóng nín jiā dào Lǐmíng jiā bú tài yuǎn.

金铉雅
Jīn xuànyǎ

해석

장웨이민 :
집에서 회사까지 멀어요?

김현아 :
저희 집에서 회사까지 꽤 멀어요, 사장님은요?

장웨이민 :
우리 집에서 회사까지 가까워요.

김현아 :
댁은 어디세요?

장웨이민 :
우리집은 베이징역 부근이에요.

김현아 :
사장님 집에서 리밍씨 집까지 멀지 않네요.

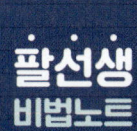

★ 挺…的 [tǐng … de] '꽤'라는 의미로 문장에서 술어 앞에 쓰여 주로 형용사를 주식할 때 쓰입니다. 很, 非常, 太와 같은 용도로 대체로 정도를 나타낼 때 쓰입니다. 挺…的는 주로 구어체에서 많이 사용됩니다.

예) **挺好的。** [Tǐng hǎo de.] 꽤 좋습니다.
挺漂亮的。 [Tǐng piàoliang de.] 꽤 예쁩니다.

03 | 准备 준비하기

单词 단어

- **每天** měitiān — (명) 매일
- **坐** zuò — (동) 타다
- **公交车** gōngjiāochē — (명) 버스
- **地铁** dìtiě — (명) 지하철
- **堵车** dǔchē — (명) 교통 체증 / (동) 차가 막히다
- **早** zǎo — (형) 조기의 / 일찍
- **出发** chūfā — (명) 출발 / (동) 출발하다
- **飞机** fēijī — (명) 비행기 / 항공기
- **出租汽车** chūzū qìchē — (명) 택시
- **开车** kāichē — (동) 운전하다
- **地铁站** dìtiězhàn — (명) 지하철역

 **팔선생 Tip**

중국의 길거리는 다양한 교통수단이 있습니다. 예를 들어 버스, 지하철, 택시, 승용차, 자전거 등등이 있습니다. 그러나 현재 중국에서는 자전거를 타는 인구가 점점 줄어들고 있습니다. 자전거 대신 전동자전거가 새로 등장했기 때문입니다. 전동자전거란 말 그대로 충전 형식으로 타는 자전거입니다. 형태는 자전거와 비슷하나, 일반 자전거 보다 체력적으로 힘이 적게 들고, 속도는 더 빠르고, 가성비가 매우 훌륭하며 오토바이를 제한하는 중국에서는 전동자전거가 매우 실용적인 교통수단으로 손 꼽힙니다.

04 | 会话 회화

교통수단 관련 표현

李明
Lǐ míng

你每天怎么上班?
Nǐ měitiān zěnme shàngbān?

我每天坐公交车上班, 你呢?
Wǒ měitiān zuò gōngjiāochē shàngbān, nǐ ne?

金铉雅
Jīn xuànyǎ

李明
Lǐ míng

我坐地铁去上班。
Wǒ zuò dìtiě qù shàngbān.

我家附近没有地铁站。
Wǒ jiā fùjìn méiyǒu dìtiě zhàn.

金铉雅
Jīn xuànyǎ

李明
Lǐ míng

上班的时候, 不堵车吗?
Shàngbān de shíhou, bù dǔchē ma?

我每天都早一点儿出发。
Wǒ měitiān dōu zǎo yìdiǎnr chūfā.

金铉雅
Jīn xuànyǎ

해석

리밍:
매일 어떻게 출근해요?

김현아:
버스 타고 출근해요, 리밍씨는요?

리밍:
지하철 타고 출근해요.

김현아:
우리집 부근에 지하철 역이 없어요.

리밍:
출근할 때, 길이 막히지 않아요?

김현아:
매일 조금 일찍 출발해요.

팔선생 비법노트

★ 坐[zuò]는 '앉다'라는 의미 외에 교통수단 앞에 쓰여 동사로 '타다'라는 의미도 있습니다.
예) 坐地铁 [zuò dìtiě] 지하철 타다.

★ 骑[qí]도 마찬가지로 '타다'라는 의미입니다. 그러나 骑는 양 다리를 걸쳐서 승마 같은 자세를 취해서 탈 때 骑를 사용합니다.
예) 骑自行车 [qí zìxíngchē] 자전거를 타다.

★ 반면 버스, 지하철 같은 교통수단은 의자에 앉아서 탑승하며 이런 경우는 坐를 사용합니다.

05 | 关键表达 패턴

1 ▶ 거리를 물어보는 离…远吗?의 활용

你家 Nǐ jiā		公司 gōngsī	
你家 Nǐ jiā	离 lí	银行 yínháng	远吗? yuǎn ma?
饭店 Fàndiàn		学校 xuéxiào	
北京 Běijīng		上海 Shànghǎi	

2 ▶ 거리를 대답할 때 从…到의 활용

	你家 nǐ jiā		李明家不太远。Lǐ míng jiā bú tài yuǎn.
从 Cóng	学校 xuéxiào	到 dào	邮局不太远。yóujú bú tài yuǎn.
	我家 wǒjiā		公园不太远。gōngyuán bútàiyuǎn.
	公司 gōngsī		地铁站不太远。dìtiězhàn bú tài yuǎn.

3 ▶ 교통수단 이용 我…去의 활용

	坐地铁 zuò dìtiě	
我 Wǒ	坐飞机 zuò fēijī	去。qù.
	坐出租汽车 zuò chūzūqìchē	
	开车 kāichē	

4 ▶ 반문 不…吗의 활용

	上班 shàngbān	
不 Bú	下班 xiàbān	吗? ma?
	饿 è	
	去 qù	

06 | 语法 어법

1 전치사 '离'

▶ '离'는 전치사로 '~에서, ~로부터, ~까지'의 'A离B(A는 B로부터)' 형태로 많이 쓰입니다. 종종 주어를 생략하고 쓰기도 합니다.

你家离公司远吗?
Nǐ jiā lí gōngsī yuǎn ma?
당신 집에서 회사까지 멀어요?

我家离地铁站有点儿远。
Wǒ jiā lí dìtiězhàn yǒudiǎnr yuǎn.
우리집에서 지하철역까지 조금 멀어요.

(今天)离春节还有5天。
(Jīntiān) lí chūnjié háiyǒu wǔ tiān.
오늘부터 설날까지 5일 남았어요.

2 전치사 '从'

▶ '从'은 전치사로 '~에서, ~부터'의 의미로 '从A到B(A부터 B까지)' 형태로 많이 쓰입니다.

从你家到李明家不太远。
Cóng nǐ jiā dào Lǐ míng jiā bú tài yuǎn.
당신 집에서 리밍집까지 멀지 않아요.

从这儿到银行很近。
Cóng zhèr dào yínháng hěn jìn.
여기서부터 은행까지 가까워요.

我从星期一到星期五休息。
Wǒ cóng xīngqīyī dào xīngqīwǔ xiūxi.
나는 월요일부터 금요일까지 쉬어요.

3 반문 '不…吗?'

▶ '不…吗?'는 '…지 않아요?'라는 의미로 주로 반문에 쓰입니다. 반문은 명확한 사실에 대하여 되묻는 어투로써 의도하는 바를 강조하며 긍정을 나타냅니다.

不堵车吗?
Bù dǔchē ma?
길이 안 막혀요?

今天你不来吗?
Jīntiān nǐ bù lái ma?
오늘 안 와요?

这个不好吗?
Zhège bù hǎo ma?
이것이 안 좋아요?

4 연동문

▶ 하나의 주어가 두 개 이상의 동사 술어구를 갖는 문장을 연동문이라고 합니다. 대체로 동작이 일어난 순서로 쓰입니다.

我每天坐公交车上班。
Wǒ měitiān zuò gōngjiāochē shàngbān.
나는 매일 버스를 타고 출근해요.

我回家吃饭。
Wǒ huíjiā chīfàn.
나는 집에 가서 밥먹어요.

我去公司工作。
Wǒ qù gōngsī gōngzuò.
나는 회사에 가서 근무를 해요.

07 | 练习 연습

1 녹음을 듣고 <보기>에서 단어를 참고하여 작성하세요.

< 보기 >			
地铁 dìtiě	公交车 gōngjiāochē	堵车 dǔchē	出发 chūfā

❶ ＿＿＿＿＿＿＿＿＿＿ ❷ ＿＿＿＿＿＿＿＿＿＿

❸ ＿＿＿＿＿＿＿＿＿＿ ❹ ＿＿＿＿＿＿＿＿＿＿

2 녹음을 듣고 그림과 일치하면 O, 일치하지 않으면 X로 표시하세요. 🎧

3 다음 문장을 중국어로 작성해보세요.

❶ 우리집에서 지하철역까지 꽤 멀어요. (挺远的, 我家离, 地铁站)

❷ 우리집에서 회사까지 멀지 않아요. (从我家到, 不太远, 公司)

❸ 출근할 때 길이 많이 막혀요. (的时候, 很堵车, 上班)

4 다음 대화를 완성하세요.

❶ A: 你每天怎么上班?
매일 어떻게 출근해요?

B: _____
지하철 타고 출근해요.

❷ A: _____
퇴근할 때 길이 막혀요?

B: 下班的时候, 很堵车。
퇴근할 때 길이 많이 막혀요.

08 | 写字 쓰기

每天 měitiān 매일

每 每 每 每 每 每 每 | 天 天 天 天
每 天 每 天 每 天

公司 gōngsī 회사

公 公 公 公 | 司 司 司 司 司
公 司 公 司 公 司

远 yuǎn 멀다

远 远 远 远 远 远 远
远 远 远 远 远 远

近 jìn 가깝다

近 近 近 近 近 近 近
近 近 近 近 近 近

堵车 dǔchē 교통 체증

堵 堵 堵 堵 堵 堵 堵 堵 堵 堵 堵 | 车 车 车 车
堵 车 堵 车 堵 车

✅ 중국 기차와 좌석의 종류

중국의 고속 열차의 종류

고속 열차는 우리나라의 KTX와 비슷한 열차이며, G/C/D열차로 분류할 수 있습니다.

- **G열차** '高铁(gāotiě)'의 병음을 따온 것으로 2009년 12월 26일 운행을 시작하였으며, **최고 시속이 350km까지 나오는 가장 빠른 열차**입니다.
- **C열차** '城际(chéngjì)'에서 따온 표현이며, **가까운 도시 사이를 직통으로 연결해주는 단거리 전용 고속열차**라고 할 수 있습니다. 대표적으로 베이징-텐진, 광저우-심천 구간의 열차를 예로 들 수 있습니다.
- **D열차** '动车组列车(dòngchēzǔ lièchē)'에서 병음을 따온 것으로 **시속 160-250km에 달하는 빠른 열차**입니다. G열차보다는 조금 느리며 중간중간에 정차하는 역이 많은 것이 특징입니다.

고속열차의 좌석은 비즈니스석(商务座), 특등석(特等座), 1등석(一等座), 2등석(二等座)으로 분류할 수 있습니다. 좌석에 따라 가격대가 1.5배~3배까지 크게 차이가 나는 편입니다. 주로 유학생들은 2등석을 많이 이용하는데, 2등석 좌석도 일반 열차보다 매우 쾌적한 환경의 좌석입니다.

중국의 일반 열차의 종류

- **Z열차** '直达特快(zhídátèkuài)'에서 병음을 따온 것으로, **시속 160km로 달리며 일반 열차 중에선 가장 빠른 열차**입니다. 또한, 중간에 정차하는 역의 개수 또한 가장 적으며 각 성(省)에서 발달한 주요 도시 위주로 정차합니다.
- **T열차** '特快(tèkuài)'에서 나온 명칭입니다. Z열차보다는 정차하는 역이 조금 더 많으며 시속 140km 정도로 운행합니다.
- **K열차** '快速(kuàisù)'에서 병음을 따온 것입니다. 위의 Z/T 열차보다 정차하는 역이 많고 시속도 120Km 정도이므로, **같은 일반 열차라도 목적지까지 걸리는 시간이 길어질 수 밖에 없습니다**. 보통 열차인 普快(pǔkuài)입니다.
- **普快** 알파벳 없이 4자리의 숫자로만 이루어진 열차번호를 가지고 있습니다. **정차하는 역이 가장 많고 에어컨이 없는 경우도 있으므로**, 가까운 지역이나 같은 성(省)내의 도시로 이동할 때 이용하는 것이 좋습니다.

고속열차

일반열차

第 5 课

我唱得不太好。
Wǒ chàng de bú tài hǎo.
난 노래 잘 못 불러요.

01 주요표현
- 노래 및 식사 제안 표현

02 주요어법
- 조동사 '会'
- 정도 보어 '得'
- 조동사 '能'
- 동사 '觉得'

01 准备 준비하기

单词 단어

- **常常** chángcháng — (부) 자주
- **歌** gē — (명) 노래
- **唱** chàng — (동) 노래하다
- **好听** hǎotīng — (형) (말 또는 소리가) 듣기 좋다
- **足球** zúqiú — (명) 축구
- **写** xiě — (동) (글씨를) 쓰다
- **听** tīng — (동) 듣다
- **会** huì — (조) ~(을)할 줄 안다
- **得** de — (조) 동사와 보어의 가운데 쓰여 가능을 나타낸다
- **踢** tī — (동) 차다
- **游泳** yóuyǒng — (동) 수영하다
- **说** shuō — (동) 말하다 / 이야기하다

팔선생 Tip

중국을 대표하는 전통 음악은 경극(京剧)입니다. 경극은 경희(京戏)라고도 불리며 중국 희곡 중의 하나입니다. 중국은 각 지역마다 그 지역의 민속에 맞게 형성하는 전통 극이 있습니다. 경극은 베이징 지역에 대표하는 음악입니다. 흔히 경극과 변검(变脸)을 같다고 생각하는 사람이 많습니다. 그러나 변검은 쓰촨(四川)지역에서 전해진 천극(川劇)이며 경극과 다릅니다. 변검은 천극을 공연할 때 배우가 얼굴에 있는 검보(脸谱)를 극의 분위기에 따라 바꾸는 연출기법을 말합니다.

경극

천극

---

62 第5课 | 我唱得不太好。 Wǒ chàng de bú tài hǎo. 난 노래 잘 못 불러요.

02 | 会话 회화

노래 관련 표현

李明
Lǐ míng

你常常听歌吗?
Nǐ chángcháng tīng gē ma?

我常常听中国歌。
Wǒ chángcháng tīng zhōngguó gē.

金铉雅
Jīn xuànyǎ

李明
Lǐ míng

你会唱中国歌吗?
Nǐ huì chàng zhōngguó gē ma?

我会唱中国歌。
Wǒ huì chàng zhōngguó gē.

金铉雅
Jīn xuànyǎ

李明
Lǐ míng

你唱歌唱得怎么样?
Nǐ chàng gē chàng de zěnmeyàng?

我唱得不太好。
Wǒ chàng de bú tài hǎo.

金铉雅
Jīn xuànyǎ

해석

리밍 :
음악 자주 들어요?

김현아 :
중국 음악을 자주 들어요.

리밍 :
중국 노래 부를 수 있어요?

김현아 :
중국 노래 부를 수 있어요.

리밍 :
노래 잘 불러요?

김현아 :
잘 못 불러요.

팔선생 비법노트

★ 常常[chángcháng]는 부사어로 '수시로, 자주'라는 의미를 가지고 있습니다. 주로 술어 앞에 위치하여 쓰입니다.
예) 我常常吃炒饭。 [Wǒ chángcháng chī chǎofàn.]
　　나는 볶음을 자주 먹습니다.

★ 부정 형식에는 '不常'을 사용하며, 일반적으로 '不常常'을 사용하지 않습니다.
예) 我不常吃炒饭。 [Wǒ bù cháng chī chǎofàn.]
　　나는 볶음밥을 자주 먹지 않습니다.

03 | 准备 준비하기

单词 단어

能 néng	조 ~할 수 있다
觉得 juéde	동 …라고 느끼다
那 nà	접 그러면 / 그렇다면
牛肉 niúròu	명 쇠고기
炸鸡 zhájī	명 프라이드 치킨 / 후라이드 치킨
羊肉 yángròu	명 양고기
羊肉串 yángròuchuàn	명 양꼬치
啊 a	조 문장의 끝에 쓰여 감탄·찬탄 따위의 어세를 도운다
猪肉 zhūròu	명 돼지고기
难过 nánguò	형 괴롭다 / 슬프다

팔선생 Tip

요즘 한국에서도 양꼬치가 아주 유행입니다. 특유한 양고기 맛과 각종 향신료의 조합, 시원한 칭다오 맥주까지 매우 환상적인 궁합입니다. 사실 원조 양꼬치는 중국 서북 지방인 신장 위구르자치구의 위구르족의 전통 음식입니다. 우리가 먹어본 양꼬치는 숯불에 직접 구워 먹는 방식입니다. 그러나 신장양꼬치는 손님이 구울 필요가 없이 밖에서 주인이 숯불을 피워 구워서 손님상에 올리면 바로 먹을 수 있습니다. 또한 신장양꼬치는 우리가 먹어본 양꼬치보다 크기가 더 크고 소스도 구울 때 이미 다 뿌려서 먹을 때 따로 소스를 하지 않고 오리지날 양고기의 맛을 더 추구합니다.

양꼬치
신장 양꼬치

04 | 会话 회화

저녁식사 제안 표현

李明
Lǐ míng

你能吃羊肉吗?
Nǐ néng chī yángròu ma?

我能吃羊肉。
Wǒ néng chī yángròu.

金铉雅
Jīn xuànyǎ

李明
Lǐ míng

你觉得怎么样?
Nǐ juéde zěnmeyàng?

我觉得很好吃。
Wǒ juéde hěn hǎochī.

金铉雅
Jīn xuànyǎ

李明
Lǐ míng

那晚上我们吃羊肉串, 怎么样?
Nà wǎnshàng wǒmen chī yángròuchuàn, zěnmeyàng?

好啊, 现在就去吧。
Hǎo a, xiànzài jiù qù ba.

金铉雅
Jīn xuànyǎ

해석

리밍 :
양고기 먹을 수 있어요?

김현아 :
양고기 먹을 수 있어요.

리밍 :
현아씨 생각에는
어땠어요?

김현아 :
맛있어요.

리밍 :
그럼 우리 저녁에 같이
양꼬치 먹는게 어때요?

김현아 :
좋아요,
우리 지금 바로 가요.

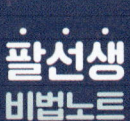

★ 那[nà]는 기본적으로 대명사인 '저것, 그것'라는 의미를 가지고 있습니다. 그러나 본문에서는 어두에 쓰여 접속사인 '그러면, 그렇다면' 라는 의미로 사용하고 있습니다.

예) 那我们一起去吧。[nà wǒmen yìqǐ qù bā.]
   그럼 우리 같이 가요.

05 关键表达 패턴

1 할 줄 안다를 나타내는 会의 활용

| 你会
Nǐ huì | 唱中国歌
chàng zhōngguó gē

踢足球
tī zúqiú

做中国菜
zuò zhōngguó cài

游泳
yóuyǒng | 吗?
ma? |

2 정도보어 得의 활용

| 我
Wǒ | 唱
chàng

写
xiě

说
shuō

听
tīng | 得不太好。
de bútàihǎo. |

3 할 수 있다를 나타내는 能의 활용

| 我能吃
Wǒ néng chī | 羊肉。
yángròu.

牛肉。
niúròu.

猪肉。
zhūròu.

香菜。
xiāngcài. |

4 자신의 생각을 나타내는 觉得의 활용

| 我觉得很
Wǒ juéde hěn | 好吃。
hǎochī.

有意思
yǒuyìsi.

难过
nánguò.

快乐
kuàilè. |

66　第5课 ｜ 我唱得不太好。Wǒ chàng de bú tài hǎo. 　난 노래 잘 못 불러요.

06 | 语法 어법

1 조동사 '会'

▶ 조동사 '会'는 '~(을)할 줄 안다'라는 의미로 대체로 동사 앞에 쓰입니다.
'会'는 주로 학습이나 연습을 통해 어떤 기술이나 기능을 터득하여 할 수 있는 능력을 나타냅니다.

我会唱中国歌。 Wǒ huì chàng zhōngguó gē.
나는 중국 노래를 부를 줄 알아요.

你会开车吗? Nǐ huì kāichē ma?
운전 할 수 있어요?

▶ 부정형은 조동사를 부정합니다.

我不会说汉语。 Wǒ búhuì shuō hànyǔ.
나는 중국어를 할 줄 몰라요.

我不会做中国菜。 Wǒ búhuì zuò zhōngguó cài.
나는 중국요리를 할 줄 몰라요.

2 정도보어 '得'

▶ 동사나 형용사 뒤에 쓰여, 보충 설명하는 성분을 보어라고 합니다. '得'는 술어와 정도보어 사이에 넣어 두 성분을 연결해줍니다.

我唱得不太好。 Wǒ chàng de bútài hǎo.
노래 잘 못불러요.

她今天吃得很少。 Tā jīntiān chī de hěn shǎo.
그녀는 오늘 조금만 먹었어요.

▶ 목적어가 있는 경우

他说汉语说得很好。 Tā shuō hànyǔ shuō de hěn hǎo.
그는 중국어를 잘 해요.

他开车开得很好。 Tā kāichē kāi de hěn hǎo.
그는 운전을 잘 해요.

3 조동사 '能'

▶ 조동사 '能'는 '~(을)할 수 있다'라는 의미로 대체로 동사 앞에 쓰입니다.
'能'는 주로 신체적·정서적 능력을 통해 할 수 있는 경우를 뜻합니다.

我能吃羊肉。 Wǒ néng chī yángròu.
나는 양고기를 먹을 수 있어요.

明天你能来吗? Míngtiān nǐ néng lái ma?
내일 올 수 있어요?

他能说汉语。 Tā néng shuō hànyǔ.
그는 중국어를 할 수 있어요.

▶ 부정형: 조동사를 부정하며 不+能 형식으로 사용합니다.

我不能开车。 Wǒ bùnéng kāichē.
나는 운전을 할 수 없어요.

今天我不能去银行。 Jīntiān wǒ bùnéng qù yínháng.
오늘 나는 은행에 갈 수 없어요.

4 동사 '觉得'

▶ '觉得'는 '~라고 느끼다, ~라고 생각하다'라는 의미로 주로 동사나 형용사 앞에 쓰입니다.
대체로 주관적인 생각이나 느낌을 나타낼 때 사용합니다.

我觉得她很漂亮。 Wǒ juéde tā hěn piàoliang.
내 생각에는 그녀가 매우 예뻐요.

我觉得有点儿远。 Wǒ juéde yǒudiǎnr yuǎn.
나는 조금 멀다고 생각해요.

你觉得怎么样? Nǐ juéde zěnmeyàng?
당신 생각에는 어때요?

07 | 练习 연습

1 녹음을 듣고 <보기>에서 단어를 참고하여 작성하세요.

< 보기 >			
常常 chángcháng	唱歌 chànggē	羊肉 yángròu	能 néng

❶ _____ ❷ _____

❸ _____ ❹ _____

2 녹음을 듣고 그림과 일치하면 O, 일치하지 않으면 X로 표시하세요. 🎧

❶

❷

❸

3 다음 문장을 중국어로 작성해보세요.

❶ 요리 할 줄 아세요? （你会, 做菜, 吗）

❷ 지금 올 수 있어요? （现在, 你, 能来吗）

❸ 나는 맛있다고 생각해요. （觉得, 我, 很好吃）

4 다음 대화를 완성하세요.

❶

A: 你会游泳吗?
수영 할 수 있어요?

B: _____
수영 할 수 있어요.

❷

A: 你能说汉语吗?
중국어 말할 수 있어요?

B: _____
중국어를 말할 수 있어요.

08 | 写字 쓰기

会 huì 할 줄 알다

会 会 会 会 会 会

常 cháng 자주

常 常 常 常 常 常 常 常 常 常 常

听 tīng 듣다

听 听 听 听 听 听 听

能 néng 할 수 있다

能 能 能 能 能 能 能 能 能 能

觉得 juéde …라고 여기다

觉 觉 觉 觉 觉 觉 觉 觉 觉 | 得 得 得 得 得 得 得 得 得 得 得

✅ 중국의 고속철도

중국은 국토가 넓어 각 지방의 기후, 풍토, 산물 등에 각기 다른 특색이 있습니다. 그에 따라 경제, 지리, 사회, 문화 등 다양한 요소가 작용하여 4대 요리가 형성되었는데 황허강 유역 및 기타 북방은 베이징(北京) 요리를 대표로 하고, 양쯔강의 하류는 상하이(上海) 요리를, 양쯔강의 중상류는 쓰촨(四川) 요리를 쭈강 유역은 광둥(广东) 요리를 대표로 하고 있습니다.

❶ 베이징 요리

청나라 때부터 청나라 궁중요리의 영향을 받아 오늘까지 전해왔으며 대표적인 요리는 **베이징덕**입니다.

❷ 상하이 요리

바다와 가깝기 때문에 해산물을 많이 이용하여 요리를 합니다. 상하이의 대표적인 요리는 **상해게 요리**입니다.

❸ 쓰촨 요리

쓰촨의 특별한 지형 때문에 안개가 많고 습합니다. 따라서 쓰촨 요리는 땀을 내기 위해 향신료를 많이 쓰고 매운 것이 특징입니다.
쓰촨의 대표적인 요리는 **마파두부**입니다.

❹ 광둥 요리

동남 연해에 위치하여 기후가 온화하고 재료가 풍부한 곳입니다. 또한 광둥은 외국과의 교류가 많은 지역으로 전통 요리와 국제적인 요리의 특성이 조화를 이뤄 독특하게 발달하였습니다.
광둥의 대표적인 요리는 **딤섬**입니다.

복 습

복습내용

第1课 ~ 第5课

1 녹음을 듣고 <보기>에서 들은 단어를 골라보세요. 🎧

< 보기 >
A. 公司	B. 休息	C. 钱	D. 每天	E. 常常	F. 觉得
gōngsī	xiūxi	qián	měitiān	chángcháng	juéde

❶ _____ ❷ _____ ❸ _____ ❹ _____ ❺ _____ ❻ _____

2 녹음을 듣고 그림과 일치하면 O, 일치하지 않으면 X로 표시하세요. 🎧

❶

O   X

❷

O   X

❸

O   X

❹

O   X

❺

O   X

3 다음을 듣고 적절한 답을 고르세요.

❶ _____   A. 汉语   B. 洗手间   C. 铅笔

❷ _____   A. 吃了   B. 去了   C. 看了

❸ _____   A. 5点   B. 5号   C. 5块钱

❹ _____   A. 地铁   B. 休息   C. 吃饭

❺ _____   A. 好吃   B. 好听   C. 好看

4 다음 단어와 적절한 내용을 연결해주세요.

❶ 去 •   • 钱

❷ 一起 •   • 近

❸ 多少 •   • 看电影

❹ 离公司 •   • 一下(儿)

❺ 觉得 •   • 好吃

5 다음 단어를 이용하여 대화를 완성하세요.

❶ 一下(儿)

你去哪儿?

_____

화장실 잠깐 다녀오겠습니다.

❷ 休息

周末你做什么了?

_____

저는 집에서 쉴 거예요.

❸ 多少

_____

한 근에 얼마예요?

8块钱一斤。

❹ 挺…的

你家离公司远吗?

_____

저희 집에서 회사까지 꽤 가까워요.

❺ 得

你会开车吗?

_____

저는 운전 잘 못해요.

第 **6** 课

你去过什么地方?
Nǐ qùguo shénme dìfang?
어디에 가봤어요?

01 주요표현
- 방문 경험 및 문화생활 관련 표현

02 주요어법
- 부정사 '没'
- 과거 경험을 나타내는 'V+过'
- 부사 '还'
- 가정을 나타내는 '的话'

01 准备 준비하기

单词 단어

- 过 guo — (조) ~한 적이 있다
- 没 méi — (부) ~하지 않다 / ~가 없다
- 深圳 Shēnzhèn — (명) 선전
- 香港 Xiānggǎng — (명) 홍콩
- 真的 zhēnde — 참으로 / 정말로
- 广州 Guǎngzhōu — (명) 광주
- 地方 dìfang — (명) 장소 / 곳 / 지방
- 和 hé — (접) ~와
- 夜景 yèjǐng — (명) 야경
- 美 měi — (형) 아름답다 / 예쁘다

 팔선생 Tip

深圳[Shēnzhèn]은 1980년 8월 26일 덩샤오핑의 개방정책에 따라 중국에서 제일 먼저 경제특구로 지정되면서 변모하기 시작했습니다. 이는 영국으로부터 홍콩과 마카오를 반환 받으면서 정책적으로 지근거리의 深圳을 신흥 산업도시로 육성하기 위한 중국의 정책적 배려에서 나온 것이었습니다. 深圳은 중국의 값싼 노동력과 화교의 자본과 외국과의 합작기업에 의해서 공업이 급속도로 발전하여 근대적인 공업도시로 변모하였습니다. 가까운 거리에 위치하는 홍콩, 마카오의 영향으로 도시의 발전 속도는 더욱 가속화 되었습니다. 외국인의 투자는 급속하게 증가하였고 세계적인 기업들이 深圳에서 사업체를 운영하고 있습니다.

02 | 会话 회화

방문 경험 묻고 답하는 표현

李明
Lǐ míng

你去过广州吗?
Nǐ qùguo Guǎngzhōu ma?

我没去过广州。
Wǒ méi qùguo Guǎngzhōu.

金铉雅
Jīn xuànyǎ

李明
Lǐ míng

你去过什么地方?
Nǐ qùguo shénme dìfang?

我去过深圳和香港。
Wǒ qùguo Shēnzhèn hé Xiānggǎng.

金铉雅
Jīn xuànyǎ

李明
Lǐ míng

你觉得那边怎么样?
Nǐ juéde nàbian zěnmeyàng?

夜景真的很美。
Yèjǐng zhēnde hěn měi.

金铉雅
Jīn xuànyǎ

해석

리밍 :
광주 가본 적이 있어요?

김현아 :
광주 가본 적이 없어요.

리밍 :
어디에 가봤어요?

김현아 :
나는 선전과 홍콩을 가봤어요.

리밍 :
당신의 생각에는 거기 어땠어요?

김현아 :
야경이 정말 아름다웠어요.

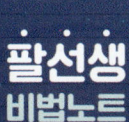
팔선생 비법노트

★ 地方[dìfāng]은 'dìfang', 'dìfāng' 두 발음이 있으며, 발음에 따라 의미도 다릅니다.

- 地方 [dìfang] 장소, 곳
  예) **你是什么地方的人?** [nǐ shì shénme dìfang de rén?]
  너는 어디 사람이냐?

- 地方 [dìfāng] 지방
  예) **地方城市是大城市以外的城市。**
  [Dìfāng chéngshì shì dà chéngshì yǐwài de chéngshì.]
  그곳은 좀 덥습니다.

03 | 准备 준비하기

单词 단어

电影院 diànyǐngyuàn	명 영화관
当然 dāngrán	부 당연히
部 bù	양 (영화) 편
好看 hǎokàn	형 아름답다 / 근사하다
还 hái	부 아직 / 여전히
有时间 yǒu shíjiān	시간이 나다
的话 dehuà	조 ~하다면 / ~이면
打 dǎ	동 때리다 / 치다
篮球 lánqiú	명 농구
买 mǎi	동 사다 / 구입하다

팔선생 Tip

중국에서 가장 큰 영화드라마 촬영중심지인 横店电影城[héngdiàn diànyǐng chéng] 헝디엔 촬영 스튜디오는 중국을 넘어 세계 최대 규모의 영화촬영소로, '동방의 헐리우드'라 불립니다. 秦王宫[qín wánggōng] 진나라 왕궁, 清明上河图景[qīngmíngshànghétú] 청명사하도경, 广州街 [guǎngzhōu jiē] 광저우 거리, 香港街[xiānggǎng jiē] 홍콩 거리, 明清宫苑 [míngqīng gōngyuàn] 청나라 명나라 궁궐, 明清街[míngqīng jiē] 청나라 명나라 거리, 横店老街[héngdiàn lǎo jiē], 红军长征博览城[hóngjūn chángzhēng bólǎn chéng] 인민해방군의 장정을 두루 섭렵하다 도시 등 총 13개의 스튜디오로, 고대부터 현대까지 다양하게 구성되어 있습니다.

04 | 会话 회화

문화생활 관련 표현

李明
Lǐ míng

看过中国电影吗?
Kànguo Zhōngguó diànyǐng ma?

当然看过了。
Dāngrán kànguo le.

金铉雅
Jīn xuànyǎ

李明
Lǐ míng

最近有一部很好看的电影。
Zuìjìn yǒu yíbù hěn hǎokàn de diànyǐng.

是吗? 我还没在中国看过电影。
Shìma? Wǒ hái méi zài Zhōngguó kànguo diànyǐng.

金铉雅
Jīn xuànyǎ

李明
Lǐ míng

有时间的话, 我们一起去吧。
Yǒu shíjiān dehuà, wǒmen yìqǐ qù ba.

太好了, 那就这周末吧。
Tài hǎo le, nà jiù zhè zhōumò ba.

金铉雅
Jīn xuànyǎ

해석

리밍:
중국 영화 본 적 있어요?

김현아:
당연히 본 적이 있죠.

리밍:
요즘 재미있는 영화 한 편이 있어요.

김현아:
그래요? 아직 중국에서 영화 본 적이 없어요.

리밍:
시간 되면, 우리 같이 영화봐요.

김현아:
좋아요, 그러면 이번 주말에 봐요.

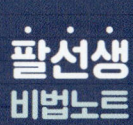
팔선생 비법노트

★ **当然[dāngrán]**은 부사어로 '당연히'라는 의미로 주로 동사나 형용사 앞에 쓰입니다. 대체로 친한 사이에 사용합니다.
예) 当然吃啊。 [Dāngrán chī a.] 당연히 먹어요.

★ **部[bù]**는 기본적으로 '부서'라는 의미로 사용하지만 본문에서는 양사로 쓰입니다. 주로 영화나 휴대폰을 수식할 때 사용합니다.
예) 一部电影 [yíbù diànyǐng] 영화 한 편
　　一部手机 [yíbù shǒujī] 휴대폰 한 개

05 | 关键表达 패턴

1 | 경험을 해본 적 없다를 나타내는 没+동사+过의 활용

我没 Wǒ méi	去 qù 买 mǎi 做 zuò 想 xiǎng	过 guo	广州。Guǎngzhōu. 书。shū. 菜。cài. 回家。huíjiā.

2 | 정말을 나타내는 真的의 활용

夜景 Yèjǐng 你家 Nǐjiā 公司 Gōngsī 妈妈做的菜 Māmā zuò de cài	真的 zhēnde	很美。hěn měi. 很漂亮。hěn piàoliang. 很忙。hěn máng. 很好吃。hěn hǎochī.

3 | 아직을 나타내는 还의 활용

还没 Hái méi	看过电影。 kànguo diànyǐng. 打过篮球。 dǎguo lánqiú. 吃过韩国菜。 chīguo hánguó cài. 买衣服。 mǎi yīfú.

4 | 가정을 나타내는 的话의 활용

有时间的话， Yǒu shíjiān de huà, 休息的话， Xiūxi de huà, 不上班的话， Bú shàngbān de huà, 去韩国的话， Qù Hánguó de huà,	我们一起去吧。 wǒmen yìqǐ qù ba.

第6课 | 你去过什么地方？Nǐ qùguo shénme dìfang? 어디에 가봤어요?

06 | 语法 어법

1. 과거를 나타내는 부정사 '没'

▶ 부정사 '没'는 사건이나 동작이 발생하지 않았거나 종결되지 않았음을 나타냅니다. 대체로 '没'는 과거에 객관적으로 발생하지 않는 일에 대해 쓰입니다.

我今天还没吃饭。 Wǒ jīntiān hái méi chī fàn.
오늘 아직 식사 못 했어요.

他还没来。 Tā hái méi lái.
그는 아직 안 왔어요.

李明没坐地铁。 Lǐ míng méi zuò dìtiě.
리밍은 지하철 타지 않았어요.

2. 과거 경험을 나타내는 '过'

▶ '过'는 동사나 형용사 뒤에 쓰여 이전에 그와 같은 동작이 발생한 적이 있거나, 그와 같은 상태가 된 적이 있음을 표시합니다.

你去过广州吗? Nǐ qùguo Guǎngzhōu ma?
광저우에 가본 적 있어요?

我学过汉语。 Wǒ xuéguo hànyǔ.
중국어 배운 적 있어요.

我吃过中国菜。 Wǒ chīguo zhōngguó cài.
나는 중국요리를 먹어본 적이 있어요.

▶ 경험을 부정할 때에도 '没'로 부정합니다.

我没去过广州。 Wǒ méi qù guo Guǎngzhōu.
나는 광저우에 가본 적 없어요.

我没看过那部电影。 Wǒ méi kànguo nàbù diànyǐng.
나는 그 영화를 본 적 없어요.

他没去过我家。 Tā méi qùguo wǒjiā.
나는 그의 집에 가본 적 없어요.

3 부사어 '还'

▶ 부사어 '还'는 '아직도, 여전히'라는 의미로 동작이나 상태가 지속됨을 나타냅니다.

还没在中国看过电影。
Hái méi zài zhōngguó kànguo diànyǐng.
아직 중국에서 영화 본 적이 없어요.

我还是很累。
Wǒ háishì hěn lèi.
나 아직도 피곤해요.

我还没吃晚饭。
Wǒ hái méi chī wǎnfàn.
나 아직도 저녁 못 먹었어요.

4 가정을 나타내는 '的话'

▶ 앞절을 나타내는 접속사를 생략하고, 앞절 뒤에 的话만 써서도 가정을 나타낼 수 있다.

有空的话, 我们一起去吧。
Yǒu shíjiān dehuà, wǒmen yìqǐ qù ba.
시간 되면, 우리 같이 가요.

你太累的话, 休息一下吧。
Nǐ tài lèi dehuà, xiūxi yíxià bā.
너무 피곤하면, 좀 쉬세요.

你想吃西瓜的话, 我去买。
Nǐ xiǎng chī xīguā dehuà, wǒ qù mǎi.
수박 먹고 싶으면, 내가 사러 갈게요.

07 | 练习 연습

1 녹음을 듣고 <보기>에서 단어를 참고하여 작성하세요.

<보기>

地方	真的	有时间	好看
dìfang	zhēnde	yǒu shíjiān	hǎokàn

❶ _____

❷ _____

❸ _____

❹ _____

2 녹음을 듣고 그림과 일치하면 O, 일치하지 않으면 X로 표시하세요. 🎧

3 다음 문장을 중국어로 작성해보세요.

❶ 나는 한국 가본 적이 있어요. （我, 韩国, 去过）

❷ 중국 음악을 들어본 적이 없어요. （没听过, 我, 中国歌）

❸ 시간이 있으면, 우리 같이 식사해요. （有时间的话, 一起吃饭吧, 我们）

4 다음 대화를 완성하세요.

❶

A: 你去过香港吗?
홍콩 가본 적 있어요?

B: _____
홍콩 가본 적 있어요.

❷

A: 有时间的话, 我们一起吃饭吧。
시간되면, 우리 같이 밥먹어요.

B: _____
좋아요, 한국요리 먹으러 가요.

08 | 写字 쓰기

过 guò ~한 적 있다

① 过 ② 过 ③ 过 ④ 过 ⑤ 过 ⑥ 过

| 过 | 过 | 过 | 过 | 过 | 过 |

没 méi ~가 없다

① 没 ② 没 ③ 没 ④ 没 ⑤ 没 ⑥ 没 ⑦ 没

| 没 | 没 | 没 | 没 | 没 | 没 |

还 hái 아직도

① 还 ② 还 ③ 还 ④ 还 ⑤ 还 ⑥ 还 ⑦ 还

| 还 | 还 | 还 | 还 | 还 | 还 |

打 dǎ 치다

① 打 ② 打 ③ 打 ④ 打 ⑤ 打

| 打 | 打 | 打 | 打 | 打 | 打 |

买 mǎi 구입하다

① 买 ② 买 ③ 买 ④ 买 ⑤ 买 ⑥ 买

| 买 | 买 | 买 | 买 | 买 | 买 |

 유용한 Tip

✓ 중국인과 대화 시 민감한 주제

❶ 양안관계

현재 국공 내전을 통해 중국 대륙을 차지한 중화인민공화국과 타이완으로 망명한 중화민국 사이의 관계를 뜻합니다. 쉽게 풀어서 중국과 타이완의 관계를 말합니다. 대부분의 중국인은 타이완을 '중국의 완전한 속국' 이라고 생각하고 있습니다. 하지만 대다수 타이완 사람들은 완전히 다른 나라라고 생각하고 있습니다. 때문에 중국인한테 '타이완은 중국이 아니다!!' 라고 말하면 중국인을 분노하게 만들 수 있답니다.

❷ 중화사상

중국인 스스로 중국 문화가 세계에서 가장 으뜸이며, 중국을 중심으로 하여 모든 것이 이루어지며, 세계를 중국과 그 외의 이적(夷狄)으로 구분하는 중국의 민족사상입니다. 대부분의 중국인들이 완강하게 '타이완은 중국이다!!' 라고 생각하는 것과는 달리, 중화사상은 사람마다 정도의 차이가 있습니다. 중국의 대외개방 후 서양문물의 전파로 인하여 이러한 중화사상은 점점 약해지고 있습니다. 하지만 개방 전의 많은 중국백성들(현재 노년층과 기득권층)은 뿌리 깊숙이 중화사상이 박혀있는 것을 종종 볼 수 있답니다. 그리고 비교적 젊은 세대들은 중화사상의 정도가 약하답니다.(절대적인 것은 아니며 개인마다 차이가 명확히 있습니다.) 중국인과 대화를 하다 보면 가끔 남의 국가를 비하하면서까지 중국을 옹호하는 사람이 종종 있습니다. 중국은 어려서부터 중화사상에 대한 교육을 받기 때문에 젊은 친구들에게서도 은연중에 중화에 대한 자부심을 엿볼 수 있답니다. 때문에 중국인과 대화 중 가능하면 그들의 '중화사상'을 침범하지 않는 편이 좋습니다.

❸ 종교

중국은 종교활동이 자유롭지 않습니다. 공산당이 무신론을 강조하여 종교에 대해 많은 제한을 했기 때문입니다. 따라서 모든 종교 활동은 결코 자유롭지 않다고 보아야 하며 특히 중국인에게 종교의 유무는 물어보지 않는 것이 좋습니다.

第 **7** 课

今天比昨天冷。
Jīntiān bǐ zuótiān lěng.
오늘이 어제보다 더 추워요.

01 주요표현
- 대상 비교 및 날씨 관련 표현

02 주요어법
- 비교문
- 동사 '听说'
- 부사 '可能'
- 부사 '又'

01 | 准备 준비하기

单词 단어

- **冷** lěng ⑱ 춥다
- **听说** tīngshuō ⑧ 듣는 바로는
- **爬山** páshān ⑧ 등산(登山)하다
- **度** dù ⑲ (온도·밀도·경도(硬度) 따위의) 도
- **热** rè ⑱ 덥다
- **凉快** liángkuai ⑱ 서늘하다 / 선선하다
- **比** bǐ ⑧ 비교하다
- **更** gèng ⑭ 더욱
- **零下** língxià ⑲ 영하
- **这么** zhème ⑪ 이러한 / 이렇게
- **暖和** nuǎnhuo ⑱ 따뜻하다

팔선생 Tip

세계 3대 겨울 축제 중 하나인 하얼빈 국제 빙설제는 1985년 처음으로 개최된 후로 매년 겨울에 하얼빈에서 열립니다. 겨울이 되면 하얼빈 빙설 대세계 자오린(兆麟) 공원 등 쑹화강 근처 지역에서 개최되고 있으며 환상적인 겨울 왕국으로 변신합니다. 60여 개의 다양한 대형 조각 작품들과 건축물들, 그리고 놀이 시설을 구비하고 있어서 관광객들이 영하 30℃에 가까운 혹한의 추위에도 불구하고 아름다운 겨울의 풍경을 웃으며 즐깁니다.

第7课 | 今天比昨天冷。 Jīntiān bǐ zuótiān lěng. 오늘이 어제보다 더 추워요.

02 | 会话 회화

대상 비교 관련 표현

金铉雅
Jīn xuànyǎ

今天真冷啊!
Jīntiān zhēn lěng a!

今天比昨天冷。
Jīntiān bǐ zuótiān lěng.

李明
Lǐ míng

金铉雅
Jīn xuànyǎ

听说明天更冷。
Tīngshuō míngtiān gèng lěng.

是吗？我明天想去爬山。
Shìma? Wǒ míngtiān xiǎng qù páshān.

李明
Lǐ míng

明天零下10度。
Míngtiān língxià shídù.

啊？这么冷啊!
A? zhème lěng a!

李明
Lǐ míng

해석

김현아 :
오늘 정말 춥네요.

리밍 :
오늘이 어제보다 더
추워요.

김현아 :
듣자하니 내일 더
춥대요.

리밍 :
그래요? 내일
등산하려고 했는데요.

김현아 :
내일 영하 10도예요.

리밍 :
정말요?
그렇게나 춥다니요!

팔선생 비법노트

★ 度[dù]는 도량사로써 도량형의 단위를 말하며 각도나 온도 등에 사용하여 '도'라는 의미로 사용됩니다.

예) 零下10度 [língxià shídù] 영하 10도
    零上3度 [líng shàng sāndù] 영상 3도

03 | 准备 준비하기

单词 단어

阴 yīn	형 흐리다
可能 kěnéng	부 아마도
雨 yǔ	명 비
事 shì	명 일
公园 gōngyuán	명 공원
考试 kǎoshì	명 시험 / 동 시험을 보다

天气预报 tiānqì yùbào	명 일기 예보
下 xià	동 내리다
又 yòu	부 또 / 다시
汉江 Hànjiāng	명 한강(漢江)
雪 xuě	명 눈

팔선생 Tip

중국의 장맛비는 매년 6월 중순부터 7월 중순까지 내리는 비를 가리킵니다. 중국에서는 장맛비를 梅雨[méiyǔ] 매실비라고 부릅니다. 중국 강남(江南)의 매실이 노랗게 익는 시기에 오는 비라는 뜻으로, 장마 기간 비가 내리고 흐린 날이 이어지는 것을 두고 黄梅天[huángméitiān] 황매천 이라고도 합니다. 또한 곰팡이를 뜻하는 동음자 霉[méi]를 사용해, 이 기간 곰팡이가 피고 녹이 스는 것을 빗대 霉雨[méiyǔ]라 부르기도 합니다.

第7课 | 今天比昨天冷。Jīntiān bǐ zuótiān lěng. 오늘이 어제보다 더 추워요.

04 | 会话 회화

날씨 관련된 표현

金铉雅
Jīn xuànyǎ

天阴了。
Tiān yīn le.

明天天气怎么样?
Míngtiān tiānqì zěnmeyàng?

李 明
Lǐ míng

金铉雅
Jīn xuànyǎ

听天气预报说, 明天可能下雨。
Tīng tiānqì yùbào shuō, míngtiān kěnéng xiàyǔ.

是吗? 又要下雨啊?
Shìma? Yòu yào xiàyǔ a?

李 明
Lǐ míng

金铉雅
Jīn xuànyǎ

明天有什么事吗?
Míngtiān yǒu shénme shì ma?

我想去汉江公园。
Wǒ xiǎng qù Hànjiāng gōngyuán.

李 明
Lǐ míng

해석

김현아 :
날씨가 흐려요.

리밍 :
내일 날씨 어때요?

김현아 :
일기예보를 들어보니
내일 아마 비가 온대요.

리밍 :
그래요?
또 비가 온대요?

김현아 :
내일 무슨 일 있어요?

리밍 :
내일 한강 공원 가려고
해요.

팔선생 비법노트

★ **有什么事**[yǒu shénme shì]는 '무슨 일 있냐' 라는 의미로 사용하고 있습니다. 본문에서 '무슨 일이 있냐'라고 물을 때 '有什么事吗?'라고 의문사 什么와 吗 중복으로 사용 되었습니다.

본문에서 什么는 명사 앞에 사용 되어 특정하지 않는 것을 가리킬 때 사용됩니다. 따라서 의문사 吗와 같이 사용하여도 가능하고 사용하지 않아도 가능합니다.

八先生 중국어 | 1권 기본중심

05 | 关键表达 패턴

1 비교를 나타내는 比의 활용

今天比昨天 Jīntiān bǐ zuótiān	冷。lěng. 热。rè. 暖和。nuǎnhuo. 凉快。liángkuai.

2 이렇게를 나타내는 这么의 활용

这么 Zhème	冷 lěng 贵 guì 好 hǎo 大 dà	啊! a!

3 아마도를 나타내는 可能의 활용

明天 Míngtiān	可能 kěnéng	下雨。xiàyǔ. 不来。bùlái. 下雪。xiàxuě. 考试。kǎoshì.

4 또를 나타내는 又의 활용

又 Yòu	要下雨 yào xiàyǔ 要休息 yào xiūxi 要睡觉 yào shuìjiào 要出门 yào chūmén	啊? a?

第7课 | 今天比昨天冷。 Jīntiān bǐ zuótiān lěng. 오늘이 어제보다 더 추워요.

06 | 语法 어법

1 비교문 '比'

▶ 두 대상을 비교할 때 전치사 '比'를 많이 이용합니다. 기본구조는 A比B+(更/还)+형용사
형용사 앞에 술어문 앞에 更이나 还를 써서 강조할 수 있으며, 비교문에서는 형용사 술어 앞에 很, 非常, 太, 挺은 쓸 수 없습니다.

今天比昨天冷。
Jīntiān bǐ zuótiān lěng.
오늘은 어제보다 추워요.

李明的年纪比他的年纪更大。
Lǐ míng de niánjì bǐ tā de niánjì gèng dà.
리밍의 나이는 그의 나이보다 더 많아요.

我家比你家还远。
Wǒjiā bǐ nǐjiā hái yuǎn.
우리 집은 당신 집보다 더 멀어요.

2 전언을 나타내는 '听说'에 대한 학습

▶ 다른 곳에서 전해들은 말을 표현할 때는 '听说'를 이용합니다.
'听说' 뒤에는 대체로 문장이 나오며, '听+말한 대상+说' 형태로 쓰기도 합니다.

听天气预报说，明天可能下雨。
Tīng tiānqì yùbào shuō, míngtiān kěnéng xiàyǔ.
일기예보를 들어보니 내일 아마도 비가 온대요.

听说那部电影很有意思。
Tīngshuō nà bù diànyǐng hěn yǒuyìsi.
들어보니 그 영화는 매우 재미있대요.

听说他有女朋友。
Tīngshuō tā yǒu nǚpéngyou.
들어보니 그는 여자친구가 있어요.

3 부사 '可能'

▶ 부사어 '可能'는 '아마도'라는 의미로 대체로 뒤에 오는 동사가 실행될 수 있는 가능성을 내포하고 있습니다.

明天可能下雨。
Míngtiān kěnéng xiàyǔ.
내일 아마도 비가 올 거예요.

经理下星期可能去中国。
Jīnglǐ xiàxīngqī kěnéng qù Zhōngguó.
사장님은 아마도 다음주에 중국가요.

他可能已经吃饭了。
Tā kěnéng yǐjīng chīfàn le.
그는 아마도 밥을 다 먹었을 거예요.

4 부사 '又'

▶ 부사어 '又'는 '또, 다시'라는 의미로 이전에 발생했던 일이 반복되는 것을 나타낼 때 사용합니다.

又要下雨啊?
Yòu yào xiàyǔ a?
내일 또 비가 내려요?

他今天又没来上班。
Tā jīntiān yòu méi lái shàngbān.
그는 오늘 또 출근하지 않았어요?

你又喝咖啡啊。
Nǐ yòu hē kāfēi a.
또 커피를 마시네요.

07 | 练习 연습

1 녹음을 듣고 <보기>에서 단어를 참고하여 작성하세요.

< 보기 >

| 天气 | 冷 | 下雨 | 天气预报 |
| tiānqì | lěng | xiàyǔ | tiānqì yùbào |

❶ _____ ❷ _____

❸ _____ ❹ _____

2 녹음을 듣고 그림과 일치하면 O, 일치하지 않으면 X로 표시하세요. 🎧

❶

❷

❸

八先生 중국어 | 1권 기본중심 **97**

3 다음 문장을 중국어로 작성해보세요.

❶ 어제는 오늘보다 더 더워요. （比, 昨天, 热, 今天）

_____

❷ 내일은 더 따뜻해요. （更, 明天, 暖和）

_____

❸ 모레는 아마도 눈이 올 거예요. （后天, 下雪, 可能）

_____

4 다음 대화를 완성하세요.

❶

A: 今天几度?
오늘 몇 도예요?

B: _____
오늘은 39도예요.

❷

A: 哪个苹果大?
어떤 사과가 더 커요?

B: _____
빨간 사과가 초록 사과보다 더 커요.

08 | 写字 쓰기

天气 tiānqì 날씨

天 天 天 天 | 气 气 气 气 气

天　气　天　气　天　气

冷 lěng 춥다

冷 冷 冷 冷 冷 冷 冷

冷　冷　冷　冷　冷　冷

热 rè 덥다

热 热 热 热 热 热 热 热 热 热

热　热　热　热　热　热

更 gèng 더욱

更 更 更 更 更 更 更

更　更　更　更　更　更

雨 yǔ 비

雨 雨 雨 雨 雨 雨 雨 雨

雨　雨　雨　雨　雨　雨

✅ 중국 남수북조(南水北调) 프로젝트

2000만 명이 생활하는 중국 수도 베이징(北京)은 세계적으로도 물 부족이 심각한 대도시입니다. 큰 강이 없고 건기가 길어 추운 겨울에도 눈조차 잘 내리지 않습니다. 그나마 1999년부터 갈수기에 접어들어 지표수·지하수·입경수(入境水·외부에서 베이징에 들어오는 물)가 이전의 절반 가량 줄어들어 베이징은 매년 15억㎥의 물 부족 상태에 허덕였습니다. 허나 화중 지방 창장(長江·양쯔강)의 물을 화북의 베이징 일대까지 끌어올리는 남수북조(南水北調) 사업의 중선(中線) 공정이 이날 완성되면서 이 문제가 해결됐습니다.

남수북조란 '남쪽의 물을 북쪽으로 돌린다'는 의미입니다. 베이징시 남수북조사무소의 쑨궈성(孫國昇) 주임은 "통수를 시작하면 베이징은 연간 10억5000만㎥의 물을 받아 생활·공업용수 50% 이상을 충당하게 될 것"이라고 밝혔고, 베이징 뿐 아니라 톈진(天津)·허베이(河北)·허난(河南) 등 4개 직할시·성의 19개 대·중도시와 100여 개 현·시에 연간 95억㎥의 물을 공급, 6000만 명의 생활용수를 해결하게 됩니다. 시진핑(習近平) 국가주석은 "각고의 노력 끝에 이룩한 중국 개혁·개방과 사회주의 현대화 건설의 일대 사건"이라며 "오랜 세월 동안 후세에도 이로움이 될 것"이라고 평가했습니다.

남수북조는 공사 규모 면에서 세계 최대의 수리(水利) 공정으로 꼽히는 싼샤(三峽) 댐을 능가하며, 중국 역사상으론 진(秦)대의 만리장성에 비견됩니다. 남수북조는 그야말로 백년대계(百年大計)이기도 합니다. 마오쩌둥(毛澤東) 공산당 주석이 52년 "남쪽은 물이 풍부한데 북쪽은 부족하니 남쪽의 물을 북쪽으로 끌어다 쓰면 좋겠다"고 말해 시작된 공사이며, 이후 수십년 간 분석과 의견수렴 절차만 이어지다가 2001년 베이징올림픽 유치를 계기로 공정이 본격화 됐습니다.

가장 먼저 동(東)선이 2002년 착공돼 지난해 말 1기 노선이 완공됐고, 장쑤(江蘇)성에서 산둥(山東)성 웨이하이(威海)에 이르는 1467㎞ 구간으로 이 지역 71개 시 1억 명에게 연간 87억 7000만㎥의 물을 공급하게 됐습니다. 남수북조의 핵심이라 할 수 있는 중선이 이번에 완공되면 서(西)선만 남으며, 티베트 고산지대에 터널을 뚫어 창장 물을 칭하이(青海)와 간쑤(甘肅)성, 네이멍구자치구 등에 공급하는 서선은 아직 착공되지 않았는데 2050년 완공이 목표입니다. 마오가 지시를 내린 지 100년 만인 셈이며, 남수북조의 예상 총 사업비는 3600억 위안(약 62조원), 5000억 위안까지 늘어날 것이라는 전망도 있습니다.

第**8**课

你正在找什么呢?
Nǐ zhèngzài zhǎo shénme ne?

무엇을 찾고 있어요?

01 주요표현
- 일의 진행과 지속 관련 표현

02 주요어법
- 부사 '正', '在', '正在'
- 동사 '別'
- 동태조사 '着'
- 부사 '再'

01 | 准备 준비하기

单词 단어

- **正在** zhèngzài (부) 마침(한창) (…하고 있는 중이다)
- **见** jiàn (동) 보(이)다
- **知道** zhīdào (동) 알다
- **着急** zháojí (동) 조급해하다
- **迟到** chídào (동) 지각하다
- **睡** shuì (동) (잠을) 자다
- **找** zhǎo (동) 찾다 / 구하다
- **放** fàng (동) 놓아 주다
- **别** bié (부) ~하지 마라
- **电话** diànhuà (명) 전화
- **难过** nánguò (형) 괴롭다 / 슬프다

팔선생 Tip

중국인들에게 차량 번호나 휴대폰 번호를 고를 때 가장 인기가 많은 골드 번호는 '6666', '7777', '8888'입니다. 6은 중국어로 '순조롭다'는 뜻의 六六大顺[liùliùdàshùn]의 六와 6의 발음이 같기 때문에 숫자 6은 중국인들에게 모든 일이 순조롭게 잘 됐냐는 의미를 지닙니다. 7은 중국어로 '시작하다, 상승하다'는 뜻의 起[qǐ]와 7의 발음이 유사하기 때문에 숫자 7은 모든 일의 시작이며 상승세를 타다는 의미를 지닙니다. 그러나 뭐니 뭐니 해도 중국인이 가장 좋아하는 번호는 8입니다. 8은 중국어로 '돈을 번다'라는 뜻의 发财[fācái]의 发와 8의 발음이 유사하기 때문에 숫자 8은 부를 가져다준다는 의미를 지닙니다.

02 会话 회화

물건 찾고 있는 표현

李明
Lǐ míng

你正在找什么呢?
Nǐ zhèngzài zhǎo shénme ne?

我正找手机呢。
Wǒ zhèng zhǎo shǒujī ne.

金铉雅
Jīn xuànyǎ

李明
Lǐ míng

手机放在哪儿了?
Shǒujī fàngzài nǎr le?

我也不知道。
Wǒ yě bù zhīdào.

金铉雅
Jīn xuànyǎ

李明
Lǐ míng

别着急, 我给你打个电话吧。
Bié zháojí, wǒ gěi nǐ dǎge diànhuà ba.

好的, 谢谢你了。
Hǎo de, xièxiè nǐ le.

金铉雅
Jīn xuànyǎ

해석

리밍 :
무엇을 찾고 있어요?

김현아 :
휴대폰을 찾고 있어요.

리밍 :
휴대폰 어디에 두었어요?

김현아 :
잘 모르겠어요.

리밍 :
조급하지 마세요, 내가 전화해볼게요.

김현아 :
네, 고마워요.

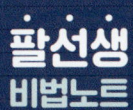
팔선생 비법노트

★ 知道[zhīdào]와 认识[rènshi] 모두 '알다'라는 의미입니다.

- 知道는 사람, 일 혹은 객관적인 사실을 표면적으로 안다는 의미로 사용합니다.
예) 我知道今天发生的事情。 [Wǒ zhīdào jīntiān fāshēng de shìqing.]
나는 오늘 일어난 일에 대해 알고 있다.

- 认识는 길, 장소, 사람 글을 가볍게 안다는 의미로 사용합니다.
예) 我认识这个地方。 [Wǒ rènshi zhège dìfang.] 난 이곳을 안다.
[예전에 이곳에 온 적이 있고 여기의 물건을 기억한다는 것을 의미]

03 | 准备 준비하기

单词 단어

写 xiě	동 글씨를 쓰다
杯 bēi	명 잔
行 xíng	동 ~해도 좋다
出差 chūchāi	동 출장하다
开 kāi	동 (닫힌 것을) 열다
报告 bàogào	명 보고(서) / 리포트
酒 jiǔ	명 술
着 zhe	조 ~하고 있다
躺 tǎng	동 가로눕다
穿 chuān	동 입다

팔선생 Tip

중국의 기업 문화는 유교 문화와 미국 기업문화 그리고 중국 공산당의 특수한 체제에 영향을 받아 형성되었습니다. 직위에 따라 서열이 나뉘지만 직장 내 선후배 관계가 없고, 입사 시기와 상관없이 같은 직위일 경우 수평적입니다. 연봉이나 상여금 경우, 비밀로 하게 되면 서로 관계가 멀다고 생각하며 오해를 받을 수 있습니다. 중국인들은 개인주의가 상대적으로 강하며 서로의 업무에 크게 신경 쓰지 않는 편입니다. 회식의 개념이 거의 없으며 퇴근 후 개인 시간을 보내는 것을 더 즐깁니다.

104 第8课 | 你正在找什么呢? Nǐ zhèngzài zhǎo shénme ne? 무엇을 찾고 있어요?

04 | 会话 회화

업무 진행 관련 표현

李明
Lǐ míng

做什么呢?
Zuò shénme ne?

我在写报告呢。
Wǒ zài xiě bàogào ne.

金铉雅
Jīn xuànyǎ

李明
Lǐ míng

我们一起去喝杯酒吧。
Wǒmen yìqǐ qù hē bēi jiǔ ba.

不行，我正忙着呢。
Bùxíng, wǒ zhèng mángzhe ne.

金铉雅
Jīn xuànyǎ

李明
Lǐ míng

明天再做吧。
Míngtiān zài zuò ba.

明天我要去韩国出差。
Míngtiān wǒ yào qù Hánguó chūchāi.

金铉雅
Jīn xuànyǎ

해석

리밍 :
뭘 하고 있어요?

김현아 :
보고서 쓰고 있어요.

리밍 :
우리 같이 술 한잔 해요.

김현아 :
안 돼요, 바빠요.

리밍 :
내일 하면 되죠.

김현아 :
내일은 한국 출장 가야 해요.

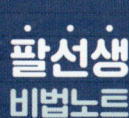
팔선생 비법노트

★ 喝杯酒[hēbēi jiǔ]는 喝(一)杯酒의 형식으로 '술 한잔 하다'라는 의미입니다. 杯는 술의 양사로 쓰이며, 대체로 중국어에서 (一)를 생략하는 경우가 많습니다.
예) 吃个苹果 [chīge píngguǒ] 사과 한 개 먹다.
    买本书 [mǎi běnshū] 책 한 권 사다.

★ 不行[bùxíng]는 '안 돼'라는 의미로 주로 구어체에 자주 사용됩니다. 상대방의 동의나 허락을 받을 때 '行吗?[xíng ma?]'라는 형식으로 사용합니다.

05 | 关键表达 패턴

1 지속을 나타내는 着의 활용

| 我 Wǒ | 忙 máng
躺 tǎng
开 kāi
穿 chuān | 着呢。 zhe ne. |

2 권장을 나타내는 别의 활용

| 别 Bié | 着急。 zháojí.
迟到。 chídào.
难过。 nánguò.
睡。 shuì. |

3 진행을 나타내는 正在의 활용

| 你正在 Nǐ zhèngzài | 唱中国歌　chàng zhōngguó gē
踢足球　tī zúqiú
做中国菜　zuò zhōngguó cài
游泳　yóuyǒng | 呢? ne? |

4 다시를 나타내는 再의 활용

| 明天再 Míngtiān zài | 做 zuò
去 qù
说 shuō
写 xiě | 吧。 ba. |

第8课 | 你正在找什么呢? Nǐ zhèngzài zhǎo shénme ne? 무엇을 찾고 있어요?

06 | 语法 어법

1 부사 '正', '在', '正在'

▶ 부사 '正'은 때마침 어떤 상황에 맞닥뜨렸거나, 그때 당시 그 동작이 발생하고 있는 중임을 강조할 때 쓰입니다.

我正找手机呢。	Wǒ zhèng zhǎo shǒujī ne.	휴대폰을 찾고 있어요.
我正要吃饭。	Wǒ zhèngyào chīfàn.	밥 먹을 참이에요.

▶ 부사 '在'는 동작이나 상태가 진행 중임을 강조할 때 쓰입니다.

我在写报告呢。	Wǒ zài xiě bàogào ne.	보고서를 쓰고 있어요.
我在看电影。	Wǒ zài kàn diànyǐng.	영화보고 있어요.

▶ 부사 '正在'는 동작의 발생과 진행을 동시에 강조할 때 쓰입니다.

你正在找什么呢?	Nǐ zhèngzài zhǎo shénme ne?	뭘 찾고 있어요?
现在正在下雨。	Xiànzài zhèngzài xiàyǔ.	지금 비가 오고 있어요.

※ 부사 '正', '在', '正在'는 문장 끝에 동작의 상황, 상태가 현재 지속되고 있음을 나타내는 '呢'와 함께 쓰일 수 있습니다.

2 동사 '别'에 대한 학습

▶ 동사 '别'는 '~하지마라' 라는 뜻으로 대체로 부정형식의 명령문에 사용됩니다.

别着急。	Bié zháojí.	조급하지 마세요.
你别难过了。	Nǐ bié nánguò le.	슬퍼하지 마세요.
你别喝那么多酒。	Nǐ bié hē nàme duō jiǔ.	술 많이 마시지 마세요.

3 ▶ 동태조사 '着'

▶ 동태조사 '着'는 동사 뒤에 쓰여, 동작이나 상태의 지속을 나타냅니다.

我正忙着呢。
Wǒ zhèng mángzhe ne.
지금 바빠요.

姐姐穿着红衣服。
Jiějie chuānzhe hóng yīfu.
언니는 빨간 옷을 입고 있어요.

桌子上放着一杯咖啡。
Zhuōzi shàng fàngzhe yìbēi kāfēi.
책상 위에 커피 한 잔이 놓여 있어요.

4 ▶ 부사 '再'

▶ 부사 '再'는 '또, 더, 다시'라는 뜻으로, 대체로 같은 동작이나 상태의 중복됨을 표시하는데, 대부분 아직 실현되지 않은 일에 쓰입니다.

明天再做吧。
Míngtiān zài zuò ba.
내일 하면 되죠.

你再休息一下吧。
Nǐ zài xiūxi yíxià ba.
좀 더 쉬세요.

再吃一点儿吧。
Zài chī yìdiǎnr ba.
좀 더 드세요.

07 | 练习 연습

1 녹음을 듣고 <보기>에서 단어를 참고하여 작성하세요.

<보기>

知道	电话	报告	出差
zhīdào	diànhuà	bàogào	chūchāi

❶ _____ ❷ _____

❸ _____ ❹ _____

2 녹음을 듣고 그림과 일치하면 O, 일치하지 않으면 X로 표시하세요. 🎧

❶

❷

❸

3 다음 문장을 중국어로 작성해보세요.

❶ 집에 갈 참이었어요.　**(我, 回家, 正要)**

_____

❷ 어머니는 전화하고 계세요.　**(正在, 打电话, 妈妈)**

_____

❸ 조금 더 앉아 계세요.　**(坐, 一会儿, 再)**

_____

4 다음 대화를 완성하세요.

❶

A: 他们正在做什么?
그들은 뭘 하고 있어요?

B: _____
그들은 밥을 먹고 있어요.

❷

A: 桌子上放着什么?
책상 위에 뭐가 놓여 있어요?

B: _____
책상 위에 사과와 바나나가 있어요.

08 | 写字 쓰기

找 zhǎo 찾다

别 bié 하지 마라

电话 diànhuà 전화

报告 bàogào 보고(서)

出差 chūchāi 출장하다

✓ 중국숫자표기법 & 의미

중국 숫자 표기법은 우리나라와 확연히 다르고 의미도 다릅니다. 우리나라도 없진 않지만 중국에는 숫자에 의미가 있습니다. 각각의 숫자에 의미가 있어서 중국 사람들의 생활에 많은 영향을 주기 때문에 중국 문화의 한 부분으로 자리 잡고 있습니다.

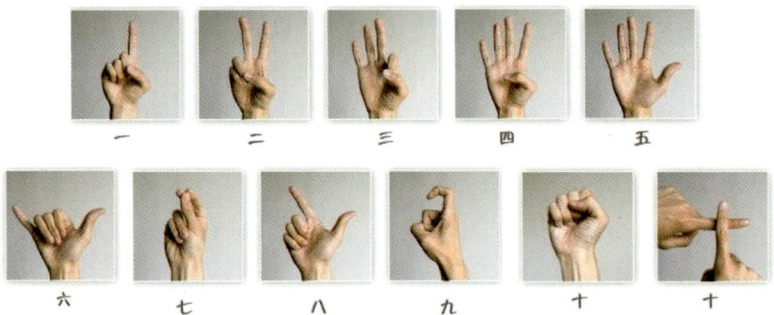

三(sān)
중국에는 3이라는 수는 '흩어지다'라는 뜻을 가진 단어인 散(sǎn)과 발음이 같아서 연인이 헤어지거나 재물이 흩어진다는 뜻을 가지고 있어서 중국인이 싫어하는 숫자 중에 하나라고 합니다.

四(sì)
중국도 한국과 마찬가지로 숫자 4를 싫어하는 경향이 있습니다. 중국에서의 四의 발음이 '죽다'라는 뜻을 가진 死(sǐ)와 발음이 비슷하기 때문에 많이들 꺼린다고 합니다.

五(wǔ)
우는 소리를 나타내는 의성어 唔(wú)와 발음이 비슷해서 게임에서 지거나 친구들과 메신저로 대화를 주고 받을 대 5를 연속적으로 사용하는 모습을 흔히 볼 수 있습니다.

六(liù)
숫자 6은 중국어 '순조롭다'라는 뜻을 가진 流(liú)와 같은 발음을 가지고 있기 때문에 모든 일이 막힘 없이 흘러가기를 바라는 마음이 담겨 행운의 숫자라고 생각합니다.

八(bā)
숫자 8은 '재산을 모으다'라는 뜻을 가진 '发财(fācái)'와 발음이 비슷하기 때문에 재산이 굴러 들어 올 것 같은 느낌을 줘서 좋아한다고 합니다.

九(jiǔ)
숫자 9는 통상적으로 '오래되다', '시간이 길다'라는 뜻을 가진 久(jiǔ)와 발음이 같아 부부가 오래오래 건강하게 살자는 의미에서 9월 9일에 특히 결혼하는 사람들이 많다고 합니다.

第 9 课

今天我请客。
Jīntiān wǒ qǐngkè.
오늘 내가 한턱 쏠게.

01 주요표현
- 먹고 싶은 요리 및 음식 주문하는 표현

02 주요어법
- 부사 '极了'
- '又…又…'
- '点'의 여러 가지 의미
- '除了A都B'

01 | 准备 준비하기

单词 단어

| 극히 / 매우 / 아주 | 啦 la | ㈜ 동작이나 행위가 이미 완료되었을 때 바뀌지 않은 지속의 느낌을 나타낸다 |

- **极了** jíle ㈁ 극히 / 매우 / 아주
- **辣** là ㈂ 맵다
- **四川** Sìchuān ㈃ 쓰촨
- **麻** má ㈂ 얼얼하다
- **酸** suān ㈂ 시다 / 시큼하다
- **苦** kǔ ㈂ 쓰다
- **啦** la ㈜ 동작이나 행위가 이미 완료되었을 때 바뀌지 않은 지속의 느낌을 나타낸다
- **咱们** zánmen ㈤ 우리
- **又…又…** yòu…yòu… ㈃ ~하기도 하고, ~하기도 하다
- **请客** qǐngkè ㈄ 한턱내다
- **甜** tián ㈂ 달다
- **咸** xián ㈂ 짜다

팔선생 Tip

중국 8대 요리 가운데 하나로 꼽히는 쓰촨요리는 川菜[chuāncài]라고 하는데, 요리마다 풍격이 있고 각각의 독특한 맛이 있는 것으로 알려져 있으나 맛이 얼얼하고 매콤하다는 공통점이 있습니다. 유명한 요리가 많이 있지만 한국에서 가장 널리 알려지고 인기 요리는 마파두부입니다. 麻婆豆腐[mápódòufu]는 청나라 때 성도 북문 거리에 개업한 陈兴盛饭铺[chénxīngshèng fànpù]에서 처음으로 개발한 두부 요리다. 이 요리를 만든 노파가 곰보였기 때문에 당시 사람들이 '진씨 곰보 할머니(陈麻婆[chénmápó])'라고 부르던 것이 요리의 이름으로 굳어버린 것이다. 뜨끈뜨끈하고 얼얼하며 매운 맛이 일품이다.

第9课 | 今天我请客。 Jīntiān wǒ qǐngkè. 오늘 내가 한턱 쏠게.

02 | 会话 회화

먹고 싶은 요리 관련 표현

李明
Lǐ míng

你吃过四川菜吗?
Nǐ chīguo sìchuān cài ma?

当然啦, 四川菜好吃极了。
Dāngrán la, sìchuān cài hǎochī jíle.

金铉雅
Jīn xuànyǎ

那咱们去吃四川菜吧。
Nà zánmen qù chī sìchuān cài ba.

行啊, 四川菜又麻又辣。
Xíng a, sìchuān cài yòu má yòu là.

金铉雅
Jīn xuànyǎ

李明
Lǐ míng

公司附近那家四川菜不错。
Gōngsī fùjìn nàjiā sìchuān cài búcuò.

好的。今天我请客。
Hǎo de. Jīntiān wǒ qǐngkè.

金铉雅
Jīn xuànyǎ

해석

리밍 :
쓰촨요리 먹어본 적 있어요?

김현아 :
당연하죠, 쓰촨요리 아주 맛있어요.

리밍 :
그럼 우리 쓰촨요리 먹으러 가요.

김현아 :
그래요, 쓰촨요리는 얼얼하기도 하고, 맵기도 해요.

리밍 :
회사 근처에 있는 쓰촨 요리집이 맛있어요.

김현아 :
좋아요, 오늘 내가 한턱 쏠게요.

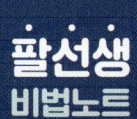
팔선생 비법노트

★ 我们[wǒmen]와 咱们[zánmen] 모두 '우리들'이라는 의미를 가지고 있습니다. 다만 두 단어 쓰임새가 조금 차이가 있습니다.

我们같은 경우 화자가 청자한테 말할 때 청자를 포함시키지 않는 경우에 쓰입니다.

咱们의 경우 화자와 청자 모두 포함하는 경우 쓰입니다.

01 | 准备 준비하기

单词 단어

- **服务员** fúwùyuán — 명 종업원
- **菜单** càidān — 명 메뉴판
- **点** diǎn — 동 주문하다
- **除了** chúle — 접 ~을(를) 제외하고
- **香菜** xiāngcài — 명 고수
- **麻婆豆腐** mápódòufu — 명 (요리)마파두부
- **宫保鸡丁** gōngbǎojīdīng — 명 (요리)궁바우지딩
- **酸辣粉** suānlàfěn — 명 (요리)쏸라펀
- **份** fèn — 양 세트
- **准备** zhǔnbèi — 동 준비하다
- **电视剧** diànshìjù — 명 드라마

팔선생 Tip

중국에서는 생선으로 다양한 요리를 하며 어디에 가나 생선요리는 빠지지 않습니다. 생선은 중국어로 鱼[yú] 로 발음하며 남을 여 즉 余[yú] 와 발음이 같습니다. 과거 먹거리가 부족한 중국에서는 음식이 풍족하기를 바라는 의미로 생선요리는 꼭 메인요리로 식탁 위에 올리며, 중국에서 생선을 먹을 때 꼭 지켜야 할 예의가 있습니다. 즉 생선을 먹을 때 뒤집으면서 먹으면 안 된다는 점입니다. 왜냐하면 생선을 뒤집다는 것은 배를 뒤집는다는 것과 같은 의미로 보기 때문입니다.

第9课 | 今天我请客。Jīntiān wǒ qǐngkè. 오늘 내가 한턱 쏠게.

02 | 会话 회화

음식 주문하는 표현

服务员 Fúwùyuán

这是菜单。你们点点儿什么?
Zhè shì càidān. Nǐmen diǎn diǎnr shénme?

你有什么不吃的吗?
Nǐ yǒu shénme bù chī de ma?

李明 Lǐ míng

金铉雅 Jīn xuànyǎ

除了香菜, 我都吃。
Chúle xiāngcài, wǒ dōu chī.

来一个麻婆豆腐, 宫保鸡丁。
Lái yíge mápódòufu, gōngbǎojīdīng.

李明 Lǐ míng

金铉雅 Jīn xuànyǎ

再来一份酸辣粉吧。
Zài lái yífèn suānlàfěn ba.

我也来一份。
Wǒ yě lái yífèn.

李明 Lǐ míng

해석

종업원:
메뉴판입니다.
뭘 주문하겠습니까?

리밍:
못먹는 음식이 있어요?

김현아:
고수 빼고 다 먹어요.

리밍:
마파두부하나, 궁바우 지딩 하나 주세요.

김현아:
쏸라펀도 하나 주세요.

리밍:
저도 하나 주세요.

팔선생 비법노트

★ **来**[lái]는 '오다'라는 의미로 사용하고 있지만, 본문에서 음식이나 물건을 주문할 때 구체적인 동사 대신 사용합니다.

예) **来一个可乐** [lái yígè kělè] 콜라 하나 주세요.

八先生 중국어 | 1권 기본중심 **117**

05 | 关键表达 패턴

1 ▶ 몹시를 나타내는 极了의 활용

四川菜好吃 Sìchuān cài hǎochī	
葡萄酸 pútao suān	极了。 jíle.
香蕉甜 xiāngjiāo tián	
咖啡苦 kāfēi kǔ	

2 ▶ 어떠한을 나타내는 什么의 활용

	喜欢的吗? xǐhuān de ma?
你有什么 Nǐ yǒu shénme	准备吗? zhǔnbèi ma?
	吃吗? chī ma?
	讨厌的吗? tǎoyàn de ma?

3 ▶ ~하기도 하고, ~하기도 하다를 나타내는 又…又의 활용

四川菜 Sìchuān cài		麻 má		辣。là.
工作 gōngzuò	又	忙 máng	又	累。lèi.
这菜 zhècài	yòu	咸 xián	yòu	辣。là.
小米 xiǎomǐ		便宜 piányi		好。hǎo.

4 ▶ A와 B의 포함 관계를 나타내는 除了… 都의 활용

	香菜, xiāngcài,		能吃。 néng chī.
除了 Chúle	上海, Shànghǎi,	我都 wǒ dōu	没去过。 méi qùguo.
	他, tā,		认识。 rènshi.
	那部电视剧, nàbù diànshìjù,		没看过。 méi kànguo.

06 | 语法 어법

1 부사 '极了'

▶ 부사 '极了'는 '극히, 매우, 아주'라는 의미로 대체로 동사 혹은 형용사 뒤에 '极了'를 사용하여 정도가 매우 심함을 표시합니다. 주로 문장 끝에 '형용사+极了' 형식으로 사용됩니다. (비슷한 의미로 '死了'가 있습니다.)

四川菜好吃极了。
Sìchuān cài hǎochī jíle.
쓰촨요리 아주 맛있어요.

今天的天气冷极了。
Jīntiān de tiānqì lěng jíle.
오늘 날씨 몹시 추워요.

香港的夜景美极了。
Xiānggǎng de yèjǐng měi jíle.
홍콩의 야경 정말 아름다워요.

2 又…又

▶ '~하기도 하고, ~하기도 하다'라는 의미로 두 개의 술어를 병렬하여 두 가지 상태가 동시에 존재함을 나타냅니다.

四川菜又麻又辣。
Sìchuān cài yòu má yòu là.
쓰촨요리는 얼얼하기도 하고, 맵기도 해요.

妹妹又漂亮又可爱。
Mèimei yòu piàoliang yòu kěài.
여동생은 예쁘고 귀여워요.

女儿又唱又跳。
Nǚ'ér yòu chàng yòu tiào.
딸아이는 노래도 하고 춤도 춰요.

3 '点'의 여러 가지 의미

▸ '点'은 기본적인 의미로 '점' 혹은 '점을 찍다'라는 의미를 지닙니다. 그외에도 자주 쓰이는 의미로 양사로 '시', 동사로 '주문하다'가 있습니다.

❶ 시각을 나타낼 때

> **现在两点。**
> Xiànzài liǎngdiǎn.
> 지금 두시입니다.
>
> **我们下午五点见吧。**
> Wǒmen xiàwǔ wǔdiǎn jiàn ba.
> 우리 오후 다섯 시에 만나요.

❷ (많은 사람, 물건 중에서) 골라 정할 때

> **服务员，点菜。**
> Fúwùyuán, diǎn cài.
> 종업원, 주문이요.
>
> **我给你点歌吧。**
> Wǒ gěi nǐ diǎngē ba.
> 제가 당신을 위해 노래를 고를게요.

❸ 그 이외에 아래와 같은 의미로 쓰입니다.

> **点名**　Diǎnmíng　출석을 부르다.　**点头**　Diǎntóu　머리를 끄덕이다.

4 除了A(以外), 都B

▸ 내용을 제외할 때 사용하는 표현으로, 앞에 언급한 'A제외하고, 뒤에 B는 모두 같다'를 나타낼 때 사용합니다.

> **除了香菜，我都吃。**
> Chúle xiāngcài, wǒ dōu chī.
> 고수 빼고 다 먹어요.
>
> **除了弟弟(以外)，大家都来了。**
> Chúle dìdi (yǐwài), dàjiā dōu láile.
> 남동생을 빼놓고 다 왔어요.
>
> **除了下雨，我每天都爬山。**
> Chúle xiàyǔ, wǒ měitiān dōu páshān.
> 비 오는 날 빼놓고, 난 매일 등산합니다.

第9课 | **今天我请客。** Jīntiān wǒ qǐngkè. 오늘 내가 한턱 쏠게.

07 | 练习 연습

1 녹음을 듣고 <보기>에서 단어를 참고하여 작성하세요.

< 보기 >

| 麻辣 | 酸甜 | 请客 | 点菜 |
| málà | suāntián | qǐngkè | diǎncài |

❶ _____   ❷ _____

❸ _____   ❹ _____

2 녹음을 듣고 그림과 일치하면 O, 일치하지 않으면 X로 표시하세요. 🎧

❶ 　

❷ 　

❸ 　

3 다음 문장을 중국어로 작성해보세요.

❶ 쓰촨요리는 아주 맛있어요. （极了, 好吃, 四川菜）

❷ 이 요리는 새콤하기도 하고 달콤하기도 해요. （又酸, 这菜, 又甜）

❸ 오늘 내가 한턱 쏠게요. （今天, 请客, 我）

4 다음 대화를 완성하세요.

❶

A: 麻婆豆腐怎么样?
마파두부 (맛이) 어때요?

B:
마파두부 조금 매워요.

❷

A:
뭘 주문하겠습니까?

B: 来一个宫保鸡丁。
궁바우지딩 주문할게요.

08 | 写字 쓰기

酸 suān 시다
① ② ③ ④ ⑤ ⑥ ⑦ ⑧ ⑨ ⑩ ⑪ ⑫ ⑬ ⑭
酸 酸 酸 酸 酸 酸 酸 酸 酸 酸 酸 酸 酸 酸

甜 tián 달다
① ② ③ ④ ⑤ ⑥ ⑦ ⑧ ⑨ ⑩ ⑪
甜 甜 甜 甜 甜 甜 甜 甜 甜 甜 甜

苦 kǔ 쓰다
① ② ③ ④ ⑤ ⑥ ⑦ ⑧
苦 苦 苦 苦 苦 苦 苦 苦

辣 là 맵다
① ② ③ ④ ⑤ ⑥ ⑦ ⑧ ⑨ ⑩ ⑪ ⑫ ⑬ ⑭
辣 辣 辣 辣 辣 辣 辣 辣 辣 辣 辣 辣 辣 辣

咸 xián 짜다
① ② ③ ④ ⑤ ⑥ ⑦ ⑧ ⑨
咸 咸 咸 咸 咸 咸 咸 咸 咸

✅ 중국인의 식사 예절

한국과 중국은 이웃 나라이며 같은 동양권에 속하며 유교사상의 영향을 많이 받아왔습니다. 그래서 식사 예절에 있어서 공통점도 많습니다. 예를 들어 어른이 먼저 숟가락을 들어야 식사를 할 수 있다든지, 또는 남녀7세 부동석 등등 모두 유교사상에서 전해온 예절입니다. 공통점도 많지만 다른 부분에 있어서 유의할 필요가 있습니다.

첫 번째, 중국에서는 식당에서 밥을 먹고 계산하는 것은 약속 전에 먼저 밥을 먹자로 한 쪽이 내는 것이 일반적입니다. 중국에서는 이러한 행동이 상대방을 생각하는 정이라고 여기며, 친근함을 표시하는 문화입니다.

두 번째 우리나라와 달리 중국에서는 밥그릇을 들고 식사하는 문화를 가지고 있습니다. 이유는 중국의 쌀이 우리나라 쌀과 품종이 다르며, 중국의 쌀은 찰기가 없고 잘 흩어지기 때문에 들고 먹지 않으면 밥알이 다 떨어집니다. 또한 중국에서는 국물만 숟가락으로 먹고, 밥은 젓가락으로 먹습니다.

세 번째 중국에서는 첨잔 문화가 있습니다. 첨잔이란 우리 나라처럼 술잔을 다 비우고 술을 따르는 것이 아니라 상대의 술잔이 조금이라도 비었다면 계속계속 채워주는 것이 예의라고 생각 합니다.

第10课

你有什么打算?
Nǐ yǒu shénme dǎsuàn?

어떤 계획이에요?

- **01 주요표현**
  - 계획에 대해 묻고 답하는 표현

- **02 주요어법**
  - '打算'의 여러가지 용법
  - 순서를 나타내는 '先A然后B'
  - 동사 중첩
  - 임박을 나타내는 '快…了'

01 | 准备 준비하기

单词 단어

- **休假** xiūjià 명 휴가
- **打算** dǎsuàn 명 계획 / 동 계획하다
- **旅行** lǚxíng 명 여행 / 동 여행하다
- **先** xiān 부 먼저 / 우선
- **黄山** Huángshān 명 황산
- **张家界** Zhāngjiājiè 명 장가계
- **景色** jǐngsè 명 경치 / 풍경
- **一直** yìzhí 부 계속해서 / 줄곧 / 내내
- **跑步** pǎobù 동 달리다
- **牛奶** niúnǎi 명 우유
- **面包** miànbāo 명 빵

 **팔선생 Tip**

중국에서는 '사람으로 태어나 장가계를 가보지 않고서야, 100세가 되어도 어찌 늙었다고 할 수 있겠는가?'라는 옛말이 있습니다. 그만큼 장가계는 꼭 한 번 가보아야 할 곳입니다. 중국 호남성에 위치한 장가계는 아름다운 자연현상으로 절묘한 풍경을 이루었습니다. 1992년 12월 유네스코에 의해 세계문화유산으로 등록되었습니다. 특히 영화《아바타》배경으로 선정되어 더욱 더 주목을 받게 되었습니다.

126　第10课 | 你有什么打算？ Nǐ yǒu shénme dǎsuàn? 어떤 계획이에요?

02 | 会话 회화

자신의 계획을 말하는 표현

해석

李明
Lǐ míng

今年休假，你有什么打算？
Jīnnián xiūjià, nǐ yǒu shénme dǎsuàn?

我打算去旅行。
Wǒ dǎsuàn qù lǚxíng.

金铉雅
Jīn xuànyǎ

李明
Lǐ míng

你想去哪儿旅行？
Nǐ xiǎng qù nǎr lǚxíng?

我想先去黄山，再去张家界。
Wǒ xiǎng xiān qù Huángshān, zài qù Zhāngjiājiè.

金铉雅
Jīn xuànyǎ

李明
Lǐ míng

听说那边的景色很美。
Tīngshuō nàbian de jǐngsè hěn měi.

是啊，我一直 都很想去看看。
Shì a, Wǒ yìzhí dōu hěn xiǎng qù kànkan.

金铉雅
Jīn xuànyǎ

리밍:
이번 휴가,
뭘 할 계획이에요?

김현아:
여행할 계획이에요.

리밍:
어디에 가고 싶어요?

김현아:
먼저 황산에 가고,
그 다음 장가계에
가고 싶어요.

리밍:
듣자하니 거기의
경치는 아주
아름답다고 해요.

김현아:
네, 항상 가보고
싶었어요.

팔선생 비법노트

★ 一直[yìzhí]는 부사어로 '계속해서, 줄곧, 내내'라는 의미로 본문에서 사용되고 있지만 그 외에 '똑바로, 곧 바로'라는 의미로도 사용하고 있습니다.

예) **一直往前走。**[yìzhí wǎngqián zǒu.] 곧장 앞으로 가다.

 准备 준비하기

单词 단어

- **父母** fùmǔ — 명 부모
- **快** kuài — 형 (속도가) 빠르다
- **年糕汤** niángāotāng — 명 떡국
- **外边** wàibian — 명 밖 / 바깥(쪽)
- **起床** qǐchuáng — 동 일어나다 / 기상하다
- **想** xiǎng — 동 생각하다
- **一年** yìnián — 명 1년 / 한 해
- **问题** wèntí — 명 문제 / 질문
- **手表** shǒubiǎo — 명 손목시계

 팔선생 Tip

중국인들이 가장 중요시하고 성대하게 경축하는 전통적인 명절로서, 춘절의 분위기는 춘절 전후로 약 1개월간 지속됩니다. 춘절은 겨울이 지나가고 봄이 다가온다는 것을 의미합니다. 따라서 만물이 모두 새로워지고 새로운 파종과 수확의 계절이 다시 시작되는 이 시기를 기념하여 사람들은 천지신명과 조상에게 제사를 지내며 오곡이 풍성하고 만사가 뜻대로 되기를 기원합니다. 그러므로 춘절이 되면 중국인들은 모두 고향에 돌아가 가족과 함께 소중한 시간을 보냅니다.

04 | 会话 회화

앞으로 계획에 관련된 표현

李明
Lǐ míng

今年春节, 你有什么打算?
Jīnnián Chūnjié, nǐ yǒu shénme dǎsuàn?

我打算回韩国看看父母。
Wǒ dǎsuàn huí Hánguó kànkan fùmǔ.

金铉雅
Jīn xuànyǎ

李明
Lǐ míng

很想父母吧?
Hěn xiǎng fùmǔ ba?

是啊, 快一年了。
Shì a, kuài yìnián le.

金铉雅
Jīn xuànyǎ

李明
Lǐ míng

韩国春节吃什么?
Hánguó Chūnjié chī shénme?

我们吃年糕汤。
Wǒmen chī niángāo tāng.

金铉雅
Jīn xuànyǎ

해석

리밍:
이번 설날에, 무엇을 할 계획이에요?

김현아:
나는 한국에 돌아가서 부모님을 만날 거예요.

리밍:
부모님 많이 보고 싶죠?

김현아:
네, 1년 가까이 되었어요.

리밍:
한국의 설날은 무엇을 먹어요?

김현아:
우리는 떡국을 먹어요.

팔선생 비법노트

★ 想[xiǎng]는 조동사로 '~하고 싶다, ~하려 하다'라는 의미가 있습니다. 그러나 본문에서는 동사로 '생각하다'라는 의미로 사용하고 있습니다. 본문에 나온 '想+대상'은 '대상을 그리워한다'는 의미로 사용되고 있습니다.

예) 想你 [xiǎng nǐ] 보고싶다.

05 | 关键表达 패턴

1 | 계획하다를 나타내는 打算의 활용

我打算 Wǒ dǎsuàn	**去旅行。** qù lǚxíng. **跑步。** pǎobù. **买衣服。** mǎi yīfu. **去中国出差。** qù Zhōngguó chūchāi.

2 | 순서를 나타내는 先A再B의 활용

我想先 Wǒ xiǎng xiān	**去黄山,** qù Huángshān, **洗澡,** xǐzǎo, **买菜,** mǎicài, **喝牛奶,** hē niúnǎi,	**再** zài	**去张家界。** qù Zhāngjiājiè. **吃饭。** chīfàn. **做饭。** zuòfàn. **吃面包。** chī miànbāo.

3 | 보다를 나타내는 看看의 활용

看看 Kànkan	**父母。** fùmǔ. **问题。** wèntí. **外边。** wàibian. **表。** shǒubiǎo.

4 | 임박을 나타내는 快~了의 활용

快 Kuài	**一年** yìnián **周末** zhōumò **下班** xiàbān **起床** qǐchuáng	**了。** le.

130 第10课 | 你有什么打算？ Nǐ yǒu shénme dǎsuàn? 어떤 계획이에요?

06 | 语法 어법

1 '打算'의 여러가지 용법

▶ '打算'는 '계획, 계획하다'라는 의미로 명사 또는 조동사로 사용되고 있습니다.

❶ 명사의 경우

你有什么打算? Nǐ yǒu shénme dǎsuàn? 어떤 계획이에요?

公司明年的打算是什么? Gōngsī míngnián de dǎsuàn shì shénme?
내년 회사 계획은 뭐예요?

妈妈的打算是去旅行。 Māma de dǎsuàn shì qù lǚxíng.
어머니의 계획은 여행이에요.

❷ 조동사의 경우

我打算去旅行。 Wǒ dǎsuàn qù lǚxíng. 나는 여행갈 계획이에요.

今晚我打算去吃韩国菜。 Jīnwǎn wǒ dǎsuàn qù chī hánguó cài.
오늘 저녁에 한국요리를 먹을 계획이에요.

经理打算下星期去出差。 Jīnglǐ dǎsuàn xià xīngqī qù chūchāi.
사장님은 다음주에 출장갈 예정이에요.

2 순서를 나타내는 '先A然后B'

▶ '先'과 '然后'는 앞절과 뒷절에서 서로 호응하는 관계부사로 두 가지 일의 순서를 나타냅니다. 앞절은 먼저 일어난 일이나 동작을, 뒷절은 후에 일어난 일이나 동작을 나타냅니다.

我想先去黄山, 再去张家界。
Wǒ xiǎng xiān qù Huángshān, zài qù Zhāngjiājiè.
나는 먼저 황산에 가고, 그 다음에 장가계에 가고 싶어요.

咱们先看电影, 再吃饭。 Zánmen xiān kàn diànyǐng, zài chīfàn.
우리 먼저 영화를 보고, 그 다음에 식사를 해요.

我要先去银行, 再回家。 Wǒ yào xiān qù yínháng, zài huíjiā.
먼저 은행에 가고, 그 다음에 귀가 해요.

3 동사 중첩

▶ 문장에서 동작이나 행위를 나타내는 동사를 중첩해서 쓰기도 하는데, 동사를 중첩했을 때의 의미는 '좀 ~하다' 혹은 '시험삼아 ~해보다'라는 의미로 동작을 가벼운 기분으로 한다는 의미를 나타낼 때 쓰입니다.

❶ 1음절 동사 중첩 : AA형식 혹은 A一A형식

看看 = 看一看。 Kànkan. = Kàn yi kàn.
좀 보다.

想想=想一想。 Xiǎngxiǎng = Xiǎng yi xiǎng.
좀 생각해보다.

❷ 2음절 동사 중첩 : ABAB 형식

休息休息。 Xiūxi xiūxi.
휴식을 좀 취하다.

学习学习。 Xuéxí xuéxí.
공부를 좀 하다.

4 임박을 나타내는 '快…了'

▶ 동작의 발생 단계가 임박한 단계에서 쓰이는 구조로 '곧 ~하려 한다'라는 의미로 쓰입니다.
형태는 '快(要)/ 就要 / 要+술어+了'등이 있습니다.

快一年了。 Kuài yìnián le.
곧 1년이 다가와요.

快要下班了。 Kuàiyào xiàbān le.
곧 퇴근해요.

马上就要下雨了。 Mǎshàng jiùyào xiàyǔ le.
곧 비가 올 거예요.

07 | 练习 연습

1 녹음을 듣고 <보기>에서 단어를 참고하여 작성하세요.

< 보기 >

| 休假 xiūjià | 打算 dǎsuàn | 旅行 lǚxíng | 景色 jǐngsè |

❶ .... ❷ ....

❸ .... ❹ ....

2 녹음을 듣고 그림과 일치하면 O, 일치하지 않으면 X로 표시하세요. 🎧

❶

❷

❸

3 다음 문장을 중국어로 작성해보세요.

❶ 주말에 집에서 좀 쉴 계획이에요.　（在家, 周末, 休息, 我打算）

❷ 버스가 곧 옵니다.　（来, 马上, 了, 公交车）

❸ 먼저 식사하고 그 다음에 일 해요.　（工作, 吃饭, 先, 再）

4 다음 대화를 완성하세요.

❶
A: 周末你打算做什么?
이번 주말에 무엇을 할 계획이에요?

B: _____
주말에 등산할 예정이에요.

❷
A: 休假你去哪儿?
휴가 때 어디 가요?

B: _____
먼저 한국에 가고, 그 다음 일본에 가고 싶어요.

08 | 写字 쓰기

休假
xiūjià
휴가

① ② ③ ④ ⑤ ⑥ 休休休休休休 | ① ② ③ ④ ⑤ ⑥ ⑦ ⑧ ⑨ ⑩ ⑪ 假假假假假假假假假假假

| 休 | 假 | 休 | 假 | 休 | 假 |

打算
dǎsuàn
계획

① ② ③ ④ ⑤ 打打打打打 | ① ② ③ ④ ⑤ ⑥ ⑦ ⑧ ⑨ ⑩ ⑪ ⑫ ⑬ ⑭ 算算算算算算算算算算算算算算

| 打 | 算 | 打 | 算 | 打 | 算 |

旅行
lǚxíng
여행

① ② ③ ④ ⑤ ⑥ ⑦ ⑧ ⑨ ⑩ 旅旅旅旅旅旅旅旅旅旅 | ① ② ③ ④ ⑤ ⑥ 行行行行行行

| 旅 | 行 | 旅 | 行 | 旅 | 行 |

先
xiān
먼저

① ② ③ ④ ⑤ ⑥ 先先先先先先

| 先 | 先 | 先 | 先 | 先 | 先 |

快
kuài
빠르다

① ② ③ ④ ⑤ ⑥ ⑦ 快快快快快快快

| 快 | 快 | 快 | 快 | 快 | 快 |

✓ 중국의 춘절 풍습

춘절은 중국에서 가장 큰 명절로, 음력 정월 초하룻날을 뜻합니다. 중국 춘절은 한국의 설날(음력 1월 1일)과 같은 날이라고 할 수 있는데 원래는 한 해의 으뜸 날 아침을 뜻하는 '원단', '신년' 등으로 불렸다가 1911년 신해혁명 때 서력기원을 채택하면서 당시 중화민국 정부에서 이날을 '춘절'로 부르기 시작했고, 1949년 9월 중국이 공식적으로 서력기원을 채택하면서부터 약력 1월 1일을 '춘절'로 부르게 되었습니다.

❶ 수세(守岁)
한 해의 마지막 날인 섣달그믐날 잠을 자지 않고 밤을 지새우는 것을 의미합니다. 한 해의 마지막 날 가족과 친지들이 한자리에 모여 명절 음식을 함께 만들어 나눠 먹고 자정이 되면 액운을 쫓는 의미가 깃든 대규모 폭죽놀이가 벌어져 명절 분위기가 절정에 오릅니다.

❷ 춘련(春联)
춘련은 행운을 의미하는 붉은색 종이에 복과 운을 뜻하는 말을 적은 것으로 일반적으로 복(福)이 적혀있는 마름모 꼴 종이를 복이 떨어지라는 의미와 복이 도착했다는 의미로 종이를 거꾸로 붙여 놓습니다.

❸ 음식
지방마다 전통적인 음식이 다르지만, 보통 남방에서는 한 끼 식사에 10여 가지 요리와 두부, 생선 요리를 반드시 올린다고 합니다. 두부(豆腐)의 부(腐)와 물고기(鱼)가 재물이 넉넉함을 뜻하는 부유(富裕)의 음과 비슷하기 때문입니다. 또한 북방에서는 교자(饺子)를 만들어 먹으며 묵은 해를 보내고 새해를 맞이하는 것을 의미한다고 합니다.

복 습

복습내용

第6课 ~ 第10课

1 녹음을 듣고 <보기>에서 들은 단어를 골라보세요. 🎧

> <보기>
> A. 冷 lěng
> B. 着急 zháojí
> C. 出差 chūchāi
> D. 觉得 juéde
> E. 请客 qǐngkè
> F. 打算 dǎsuàn

❶ _____ ❷ _____ ❸ _____ ❹ _____ ❺ _____ ❻ _____

2 녹음을 듣고 그림과 일치하면 O, 일치하지 않으면 X로 표시하세요. 🎧

❶

O　X

❷

O　X

❸

O　X

❹

O　X

❺

O　X

3 다음을 듣고 적절한 답을 고르세요. 🎧

❶ _____   A. 吃过   B. 看过   C. 听过

❷ _____   A. 不太方便   B. 不太冷   C. 不太累

❸ _____   A. 正在找手机 B. 正在工作   C. 正在吃饭

❹ _____   A. 又酸又甜   B. 又苦又辣   C. 又麻又辣

❺ _____   A. 去洗手间   B. 去上海   C. 回家

4 다음 단어와 적절한 내용을 연결해주세요.

❶ 去 •   • 旅行

❷ 可能 •   • 很漂亮

❸ 打算 •   • 过

❹ 觉得 •   • 极了

❺ 好吃 •   • 下雨

5 다음 단어를 이용하여 대화를 완성하세요.

❶ 没

你看过中国电影吗?

_____
저는 아직 중국 영화를 본 적이 없어요.

❷ 可能

明天天气怎么样?

_____
내일 아마도 비가 올 거예요.

❸ 正在

_____
뭐하고 있어요?

我在工作呢。

❹ 又A又B

韩国菜怎么样?

_____
제 생각에는 맵기도 하고 짜기도 해요.

❺ 旅行

休假你有什么打算?

_____
저는 여행 갈 계획이에요.

부록

주요내용

문제답안
新HSK 2급 단어

第1课

연습문제   21~22p

1
답안
1. fàndiàn   2. gōngsī
3. qiānbǐ   4. xǐshǒujiān

2
듣기 대본

> 1. 我有两个姐姐。
> 2. 我没有手机。
> 3. 我休息一下儿。

답안
1. O   2. X   3. O

3
답안
1. 我有两个铅笔。
2. 洗手间在哪儿?
3. 我在公司工作。

4
답안
1. 我有两个苹果。
2. 我在银行。

第2课

연습문제   33~34p

1
답안
1. xiūxi   2. mǎshàng
3. zhōumò   4. shítáng

2
듣기 대본

> 1. 我看电影了。
> 2. 周末我在家休息。
> 3. 我在食堂吃饭。

답안
1. O   2. X   3. O

3
답안
1. 周末你做什么了?
2. 我在家休息。
3. 我已经吃饭了。

4
답안
1. 周末我看电影了。
2. 今天吃了中国菜。

第3课

연습문제 45~46p

1
답안

1. guì
2. píngguǒ
3. piányi
4. xiāngjiāo

2
듣기 대본

> 1. 西瓜多少钱一斤?
> 2. 香蕉怎么卖。
> 3. 西瓜3块钱一斤。

답안

1. X   2. O   3. X

3
답안

1. 苹果多少钱一斤?
2. 苹果有点儿贵。
3. 一共多少钱?

4
답안

1. 葡萄多少钱一斤?
2. 已经很便宜了。

第4课

연습문제 57~58p

1
답안

1. dìtiě
2. dǔchē
3. gōngjiāochē
4. chūfā

2
듣기 대본

> 1. 我在首尔站附近。
> 2. 我坐地铁。
> 3. 今天堵车。

답안

1. X   2. X   3. O

3
답안

1. 我家离地铁站挺远的。
2. 从我家到公司不太远。
3. 上班的时候很堵车。

4
답안

1. 我坐地铁上班。
2. 下班的时候堵车吗?

第5课

연습문제　　　　　　　　　69~70p

1
답안

1. néng
2. yángròu
3. chángcháng
4. chànggē

2
듣기 대본

1. 我不会唱中国歌。
2. 我常听歌。
3. 我不能吃炸鸡。

답안

1. X　　2. O　　3. X

3
답안

1. 你会做菜吗?
2. 你现在能来吗?
3. 我觉得很好吃。

4
답안

1. 我会游泳。
2. 我能说汉语。

복습1

연습문제　　　　　　　　　74~76p

1
답안

1. C　　2. E　　3. B
4. A　　5. D　　6. F

2
듣기 대본

1. 我没有铅笔。
2. 在公司工作。
3. 香蕉怎么卖?
4. 我坐公交车上班。
5. 我不能吃羊肉串。

답안

1. X　　2. O　　3. O　　4. O　　5. X

3
듣기 대본

1. 你有什么?
2. 吃饭了吗?
3. 多少钱?
4. 你怎么去上班?
5. 中国歌怎么样?

답안

1. C　　2. A　　3. C　　4. A　　5. B

복습1

4
답안
1. 去　一下儿
2. 一起　看电影
3. 多少　钱
4. 离公司　近
5. 觉得　好吃

5
답안
1. 我去一下洗手间。
2. 我在家休息。
3. 多少钱一斤?
4. 我家离公司挺远的。
5. 我开得不太好。

第6课

연습문제　　　　　　　　85~86p

1
답안
1. dìfang　　2. hǎokàn
3. yǒu shíjiān　4. zhēnde

2
듣기 대본

> 1. 我去过上海。
> 2. 上海的夜景很漂亮。
> 3. 我没看过中国电影。

답안
1. X　　2. O　　3. X

3
답안
1. 我去过韩国。
2. 我没听过中国歌。
3. 有时间的话, 我们一起吃饭吧。

4
답안
1. 我去过香港。
2. 好啊, 吃韩国菜吧。

第7课

연습문제　　　　　　　　97~98p

1
답안

1. tiānqì　　2. xiàyǔ
3. lěng　　　4. tiānqì yùbào

2
듣기 대본

> 1. 今天很冷。
> 2. 今天下雪了。
> 3. 天气很热。

답안

1. O　　2. X　　3. O

3
답안

1. 昨天比今天热。
2. 明天更暖和。
3. 后天可能下雪。

4
답안

1. 今天39度。
2. 红苹果比绿苹果大。

第8课

연습문제　　　　　　　109~110p

1
답안

1. bàogào　　2. zhīdào
3. diànhuà　　4. chūchāi

2
듣기 대본

> 1. 我正在找手机。
> 2. 她正在打电话。
> 3. 我要去北京出差。

답안

1. X　　2. O　　3. O

3
답안

1. 我正要回家。
2. 妈妈正在打电话。
3. 再坐一下儿。

4
답안

1. 他们在吃饭呢。
2. 桌子上放着苹果和香蕉。

第9课

연습문제   121~122p

1
답안

1. qǐngkè   2. diǎncài
3. málà   4. suāntián

2
듣기 대본

> 1. 韩国菜又麻又辣。
> 2. 西瓜又甜又好吃。
> 3. 服务员, 点菜。

답안

1. X   2. O   3. O

3
답안

1. 四川菜好吃极了。
2. 这菜又酸又甜。
3. 今天我请客。

4
답안

1. 麻婆豆腐有点辣。
2. 你们点点儿什么?

第10课

연습문제   133~134p

1
답안

1. xiūjià   2. lǚxíng
3. dǎsuàn   4. jǐngsè

2
듣기 대본

> 1. 我打算去香港。
> 2. 我打算看电视。
> 3. 快两点了。

답안

1. X   2. O   3. O

3
답안

1. 周末我打算在家休息。
2. 公共汽车快来了。
3. 先吃饭, 再工作。

4
답안

1. 周末我打算爬山。
2. 我要先去韩国, 再去日本。

복습2

연습문제　　　　　　138~140p

1
답안
1. E　　2. D　　3. C
4. A　　5. F　　6. B

2
듣기 대본

> 1. 我没去过上海。
> 2. 今天下雨了。
> 3. 他们正在看电影。
> 4. 四川菜又麻又辣。
> 5. 我打算工作。

답안
1. X　2. O　3. O　4. O　5. X

3
듣기 대본

> 1. 你吃过羊肉串吗?
> 2. 今天天气怎么样?
> 3. 你正在找什么?
> 4. 四川菜怎么样?
> 5. 你休假打算去哪儿?

답안
1. A　2. B　3. A　4. C　5. B

복습2

4
답안
1. 去　过。
2. 可能　洗浴
3. 打算　旅行
4. 觉得　很漂亮
5. 好吃　极了

5
답안
1. 我没看过中国电影。
2. 明天可能下雨。
3. 你正在做什么呢?
4. 我觉得又辣又咸。
5. 我打算旅行。

新HSK 2급 단어

번호	중국어	병음	품사	뜻
1	吧	[ba]	조사	문장 맨 끝에 쓰여, 상의 / 제의 / 청유 / 기대 / 명령 등의 어기를 나타냄
2	白	[bái]	형용사	하얗다 / 희다
3	百	[bǎi]	수사	백 / 100
4	帮助	[bāngzhù]	동사	돕다 / 원조하다 / 보좌하다
5	报纸	[bàozhǐ]	명사	신문
6	比	[bǐ]	동사	비교하다 / 재다 / 겨루다
7	别	[bié]	동사	이별하다 / 헤어지다
8	宾馆	[bīnguǎn]	명사	(규모가 비교적 큰) 호텔
9	长	[cháng]	형용사	(길이가) 길다
10	唱歌(儿)	[chànggē(r)]	동사	노래 부르다
11	出	[chū]	동사	나가다 / 나오다
12	穿	[chuān]	동사	(옷·신발·양말 등을) 입다 / 신다
13	次	[cì]	동사	다음 가다(이다) / 두 번째이다 / 버금가다
14	从	[cóng]	동사	따르다 / 좇다
15	错	[cuò]	동사	틀리다 / 맞지 않다
16	大家	[dàjiā]	대명사	모두 / 다들 (일정 범위 내의 모든 사람을 가리킴)
17	打篮球	[dǎlánqiú]		농구를 하다
18	但是	[dànshì]	접속사	그러나 / 그렇지만 (주로 '虽然·尽管' 등과 호응하여 쓰임)
19	到	[dào]	동사	도달하다 / 도착하다 / (어느 곳에) 이르다
20	得	[de]	조사	동사 뒤에 쓰여 가능을 나타냄 (부정을 할 때는 '不得'를 사용함)
21	等	[děng]	명사	등급
22	弟弟	[dìdi]	명사	남동생
23	第一	[dìyī]	수사	제1 / 최초 / 첫(번)째 / 맨 처음
24	懂	[dǒng]	동사	알다 / 이해하다 / 터득하다 / 정통하다
25	对	[duì]	형용사	맞다 / 옳다 / 정확하다 / 정상이다
26	对	[duì]	개사	…에 대해(서) / …에 대하여 (동작이나 행위의 대상을 이끌어 냄)

新HSK 2급 단어

번호	중국어	병음	품사	뜻
27	房间	[fángjiān]	명사	방
28	非常	[fēicháng]	부사	대단히 / 매우 / 심히 / 아주
29	服务员	[fúwùyuán]	명사	(서비스업의) 종업원 / 웨이터 / 보이(boy) / 승무원 / 접대원
30	高	[gāo]	형용사	(높이가) 높다
31	告诉	[gàosu]	동사	말하다 / 알리다
32	哥哥	[gēge]	명사	형 / 오빠
33	给	[gěi]	동사	주다
34	公共汽车	[gōnggòngqìchē]	명사	버스
35	公司	[gōngsī]	명사	회사 / 직장
36	贵	[guì]	형용사	(가격이나 가치가) 높다 / 비싸다 / 귀하다 / 귀중하다
37	过	[guo]	조사	동사 뒤에 쓰여 동작의 완료를 나타냄
38	还	[hái]	부사	여전히 / 아직도 / 아직 [동작이나 상태가 그대로 유지되어 지속됨을 나타냄]
39	孩子	[háizi]	명사	애 / 어린이 / (어린)아이 / 아동
40	好吃	[hǎochī]	형용사	맛있다 / 맛나다
41	黑	[hēi]	형용사	검다 / 까맣다
42	红	[hóng]	형용사	붉다 / 빨갛다
43	火车站	[huǒchēzhàn]	명사	기차역
44	件	[jiàn]	명사	(~儿)(총체 중에서 하나하나 셀 수 있는) 일 / 사건 / 개체 등의 수량 단위
45	教室	[jiàoshì]	명사	교실
46	机场	[jīchǎng]	명사	공항 / 비행장
47	鸡蛋	[jīdàn]	명사	계란 / 달걀
48	姐姐	[jiějie]	명사	누나 / 언니
49	介绍	[jièshào]	동사	소개하다
50	进	[jìn]	동사	(밖에서 안으로) 들다
51	近	[jìn]	형용사	(공간적·시간적 거리가) 가깝다 / 짧다
52	就	[jiù]	부사	곧 / 즉시 / 바로 / 당장 [장차 아주 짧은 시간 내에 이루어짐을 나타냄]

新HSK 2급 단어

번호	중국어	병음	품사	뜻
53	觉得	[juéde]	동사	…라고 여기다 (생각하다)
54	咖啡	[kāfēi]	명사	커피(coffee)
55	开始	[kāishǐ]	동사	시작되다 / 개시하다
56	考试	[kǎoshì]	동사	시험을 치다 / 고사를 치다
57	课	[kè]	명사	수업 / 강의
58	可能	[kěnéng]	형용사	가능하다
59	可以	[kěyǐ]	동사	…할 수 있다 / 가능하다 [가능이나 능력을 나타냄]
60	快	[kuài]	형용사	빠르다
61	快乐	[kuàilè]	형용사	즐겁다 / 행복하다 / 유쾌하다
62	累	[lèi]	형용사	지치다 / 피곤하다
63	离	[lí]	개사	…에서 / …로부터 / …까지
64	两	[liǎng]	수사	둘 [주로 짝을 이루는 사물·양사]
65	零	[líng]	수사	영 / 제로(zero)
66	路	[lù]	명사	길 / 도로
67	旅游	[lǚyóu]	동사	여행하다 / 관광하다
68	卖	[mài]	동사	팔다 / 판매하다
69	慢	[màn]	형용사	느리다
70	忙	[máng]	형용사	바쁘다 / 틈이 없다
71	每	[měi]	대명사	매 / 각 / …마다 / 모두
72	妹妹	[mèimei]	명사	(가족이나 친척 중 자기보다 나이가 어린) 여동생
73	门	[mén]	명사	(출)입구 / 현관 / 문
74	面条(儿)	[miàntiáo(r)]	명사	국수
75	男	[nán]	명사	남자 / 사내 / 남성
76	您	[nín]	대명사	당신 / 선생님 / 귀하 [2인칭 대명사 '你'의 존칭]
77	牛奶	[niúnǎi]	명사	우유
78	女	[nǚ]	명사	여자 / 여성
79	旁边(儿)	[pángbian(r)]	명사	옆 / 곁 / 근처 / 부근
80	跑步	[pǎobù]	동사	달리다 / 구보하다

新HSK 2급 단어

번호	중국어	병음	품사	뜻
81	便宜	[piányi]	형용사	(값이) 싸다 / 헐하다
82	票	[piào]	명사	표 / 티켓(ticket) / 증서 / 증명서 / 어음 / 수표 / 주식 / 유가 증권
83	千	[qiān]	수사	1,000 / 천
84	铅笔	[qiānbǐ]	명사	연필
85	起床	[qǐchuáng]	동사	(잠자리에서) 일어나다
86	晴	[qíng]	형용사	하늘이 맑다
87	妻子	[qīzi]	명사	아내
88	去年	[qùnián]	명사	작년
89	让	[ràng]	동사	사양하다 / 양보하다
90	日	[rì]	명사	태양 / 일 / 낮
91	上班(儿)	[shàngbān(r)]	동사	출근하다
92	生病	[shēngbìng]	동사	병이 나다 / 발병하다 / 병에 걸리다
93	生日	[shēngrì]	명사	생일
94	身体	[shēntǐ]	명사	몸 / 신체
95	时间	[shíjiān]	명사	시간
96	事情	[shìqing]	명사	일 / 사건
97	手表	[shǒubiǎo]	명사	손목시계
98	手机	[shǒujī]	명사	휴대폰 / 휴대 전화기
99	说话	[shuōhuà]	동사	말하다 / 이야기하다
100	送	[sòng]	동사	배웅하다 / 전송하다 / 데려다 주다
101	虽然	[suīrán]	접속사	비록 …하지만 (일지라도) / 설령 …일지라도
102	所以	[suǒyǐ]	접속사	그래서 / 그러므로 / 그런 까닭에 / 때문에 [보통 '因为'(由为)… / 所以…]
103	它	[tā]	대명사	그 / 저 / 그것 / 저것 [사람 이외의 것을 가리킴]
104	题	[tí]	명사	제목
105	跳舞	[tiàowǔ]	동사	춤을 추다
106	踢足球	[tīzúqiú]		축구를 하다
107	外	[wài]	명사	겉 / 밖 / 바깥

新HSK 2급 단어

번호	중국어	병음	품사	뜻
108	完	[wán]	형용사	다 소모하다 / 다하다 / 없어지다 / 다 떨어지다
109	玩	[wán]	동사	(손에 가지고) 놀다 / 장난하다
110	往	[wǎng]	동사	(…로) 향하다
111	晚上	[wǎnshang]	명사	저녁 [17시~20시]
112	为什么	[wèishénme]	부사	왜 / 무엇 때문에 / 어째서 [원인이나 목적을 묻는 데 쓰임]
113	问	[wèn]	동사	묻다 / 질문하다
114	问题	[wèntí]	명사	(해답·해석 등을 요구하는) 문제
115	洗	[xǐ]	동사	씻다 / 빨다
116	笑	[xiào]	동사	웃다 / 웃음을 짓다
117	小时	[xiǎoshí]	명사	시간 [시간 단위]
118	西瓜	[xīguā]	명사	수박
119	新	[xīn]	형용사	새롭다
120	姓	[xìng]	명사	성 / 성씨
121	休息	[xiūxi]	동사	휴식(휴양)하다 / 휴식을 취하다 / 쉬다
122	希望	[xīwàng]	명사	희망 / 소망 / 원망 / 바람 / 소원
123	雪	[xuě]	명사	눈
124	羊肉	[yángròu]	명사	양고기
125	眼睛	[yǎnjing]	명사	눈
126	颜色	[yánsè]	명사	색 / 색깔
127	药	[yào]	명사	약 / 약물
128	要	[yào]	동사	얻기(가지기)를 희망하다 / 가지다 / 소유하다
129	也	[yě]	부사	…도 [하나만 쓰여 같음을 나타냄]
130	已经	[yǐjīng]	부사	이미 / 벌써
131	阴	[yīn]	형용사	흐리다 / 음하다
132	因为	[yīnwèi]	접속사	왜냐하면 [일반적으로 앞 단구에 쓰이며, 늘 '所以(suǒyǐ)'와 호응하며 사용한다.]
133	一起	[yìqǐ]	부사	같이 / 더불어 / 함께
134	意思	[yìsi]	명사	의미 / 뜻
135	一下(儿)	[yíxià(r)]	부사	단시간에 / 갑자기

新HSK 2급 단어

번호	중국어	병음	품사	뜻
136	右边(儿)	[yòubian(r)]	명사	오른쪽 / 우측(右側)
137	游泳	[yóuyǒng]	동사	수영하다 / 헤엄치다
138	鱼	[yú]	명사	물고기
139	远	[yuǎn]	형용사	(공간적·시간적으로) 멀다
140	运动	[yùndòng]	명사	(물체의) 운동
141	再	[zài]	부사	재차 / 또 [같은 동작·행위의 중복이나 계속을 나타냄]
142	早上	[zǎoshang]	명사	아침
143	丈夫	[zhàngfu]	명사	남편
144	找	[zhǎo]	동사	찾다 / 구하다 / 물색하다
145	着	[zhe]	조사	…하고 있다 / …하고 있는 중이다
146	真	[zhēn]	부사	확실히 / 진정으로 / 참으로 / 진실로 / 실제로
147	正在	[zhèngzài]	부사	지금(한창) …하고 있다 [동작이나 행위가 진행 중임을 나타냄]
148	知道	[zhīdào]	동사	알다 / 이해하다
149	准备	[zhǔnbèi]	동사	준비하다
150	走	[zǒu]	동사	걷다
151	最	[zuì]	부사	가장 / 제일 / 아주 / 매우
152	左边(儿)	[zuǒbian(r)]	명사	좌(측) / 왼쪽 / 왼편